COSMIC GARDEN
VISION INFINITY

走出哀傷

HEALING GRIEF

RECLAIMING LIFE AFTER ANY LOSS

來自另一個世界的訊息

詹姆斯・范普拉（JAMES VAN PRAAGH）著
胡英音・張志華 譯

將生命中無以彌補的失去和巨大的悲慟
轉化為心靈成長的機會；乘著哀傷的翅膀，
飛往自由、喜悅和有目標的人生。

新版前言

《走出哀傷》，宇宙花園的第一本書。距初版已有十年以上。

雖然早已不是新書，知道的人或許也不多，但這些年來一直不捨得它絕版，因爲陸陸續續從讀者的回饋中，我知道這本書眞的給了他們一些力量和支持。

當前陣子又收到一封讀者來信，告訴我這些年來她清了不少書，但一直保留沒清掉的就是這本《走出哀傷》時，我知道無論銷售如何，這本書都該繼續出版。於是重新取得版權，重新換了封面；希望此書繼續發揮它的功能，實現它存在的意義，帶給需要的人撫慰和平靜。

園丁的話

每個人都知道生死無常，但失去摯愛的那刻，有誰眞能無動於衷？

再多的理論和準備，在死神的面前只成了茫然和空白；再堅強的心，夜深人靜時都有撕裂與潰堤的一刻。

不曾失去的人，不會懂得失去的痛。如果你尚不曾經歷重大的失去，你也一定可以從他人的傷痛中，悟到些道理——只要你肯用點心。

或許你會因此懂得多一些珍惜，多一些感恩，多一些體諒的重要。也或者，你開始用溫暖的言語給哀傷的人一個心靈的擁抱。

在生命的嚴寒期，我們更需要一些溫暖和善意。

如果你正面臨生命中難以承受的痛，願此書能幫助你的心在紛亂不安中找回一些平靜；在無助絕望時，找到一絲繼續下去的理由和勇氣，便已足夠。

目錄

我將這本書獻給所有遭逢變故的人，
希望書中的話語能稍稍撫平你生命的風暴，
領你走向陽光燦爛的明天。

—— James Van Praagh

致謝

我不僅有幸與天使交流，更有福氣結識人間的天使。以下就是幾位指導並協助我將這本書帶到各位面前的人間天使：

Allan Van Praagh——父親，謝謝您相信我。您教我認識只有仁慈與愛能使心靈成長。

Lynn, Michael, and Maura——雖然我們都各有自己的路，但知道我們是朝著相同的方向前行，心中倍感溫馨。

Linda Carwin Thomachin——是你的耐心、親切及堅持，使我繼續走下去。謝謝你對我文字的畫龍點睛。

Brian Preston——你使我的心滿溢。謝謝你爲我的生命帶來平和與愛。

Bill and Donna Moller, Marie Levine, Joerdie and Eric Fishe，"The Compassionate Friends"的成員，還有在書中敘述心痛經歷的父母們，謝謝你們帶給許多人勇氣、力量及知識。我永遠感激你們的協助，共同將天堂永恆的訊息帶給大家。

Peter Redgrove ——你是我靈魂的知己及老師。謝謝你總是鼓勵我天下沒有不可能的事。

Eby"Jorge" Kaba ——你的友誼、忠誠及仁慈，只能用星光燦爛形容，也只有你知道如何使它們閃耀。

Joan Miller ——謝謝你及時的仁慈笑臉。

Dorothea Delgado ——你是我的「靈魂姐妹」，也是我的「地球母親」，我感謝此生與你相逢。

Wendy Rosenthal ——自從你以愉悅的熱忱及對生命獨特的品味觸動我後，我的生命因此不同以往。

此外，我要特別向所有經由通靈解讀、演講、宣傳書旅、工作坊、談話、旅行和通信而結識的每一個人致意。謝謝你們，透過與我的連結，認知到存在於你們內在的真理。

自序

多年來，我有幸作爲一個工具，爲人們聯絡已經到達彼岸的親人。當我回顧這些經歷，我發現這些與靈魂／精神層面的奇特接觸，以及我自身的生命課題，原來是爲了各位即將閱讀的這本書所做的準備。那些已跨入靈魂世界的生命帶給我許多眞知灼見，我的目的即是要與你們分享這些啓發，協助你們走出哀傷與失去的陰影。

我並不是心理學或哀傷治療方面的專家，但是我相信，每個人都可以從這本書所提供的療癒處方受益。作爲人，我們都需要一種在心理上能夠理解並與之聯繫的架構。我將我對精神與靈性層面的瞭解融入哀傷處理的過程，書內的訊息就是以這種獨特的靈性觀點呈現。

自成人以來，我大部分時間從事職業靈媒的工作，也因此見證了許多令人傷痛的景況。我花上數千個小時，專注聆聽著塵世與纖細的靈魂世界之間的細微低語；我曾驚訝地見證了靈魂如何用充滿光與智慧的話語，奇蹟般地撫慰了那些陷溺在哀傷大海的心靈，讓他們重拾人生的意義。現在，我希望與你們分享這些洞見和領悟，期盼永恆生命的訊息使你不必在有生之年盲目地緊抱憂傷痛苦。我眞誠的希望書中的新觀點能開啓你對靈性的追尋，進而爲你的心帶來平和，爲生命帶來新的意義。

本書分爲四個部份，每部份都分別以健康、正面的角度去面對失去的課題，並提供面對及瞭解哀傷的不同方法。在第一部的「過程」中，我討論哀傷的階段、我們如何哀傷，以及你在這個過程中會碰到的情況。第二部「當所愛的人去世」談的是失去了父母、伴侶、孩子、祖父母、手足和好友的時候。和你一樣，我也有我哀傷的時刻，我會談談我個人有關死亡、失去及哀傷的經驗；那些在黑暗時光中曾經尋求過我的幫助的人，他們的故事也在其中。此外，這部分也包括了一些關於療傷止痛的建議與指引，這些指引可以幫助你做出健康的選擇，提供你面對生命的勇氣。在第三部「其他形態的失去」裡，我會提到那些不像死亡那麼明顯的失去，譬如離婚、中年危機、罹患末期重症、失去家園或工作、衰老、失去寵物等等。我們可能沒有察覺，像這類日常生活的處境也會帶來心靈的哀傷，甚至阻礙生命的進展，因爲我們常常在面對這些失落時，壓抑內心的情緒和感受。在本書的最後一部分「重回人生跑道」，你可以利用許多不同的練習、靜坐和心理療程來幫助你清理一些沒有解決的問題，並學習如何面對與調適罪惡感、憤怒和沮喪等等這些你不想要的情緒。這部份也包括了有關靈魂世界及哀傷過程的問與答。

生命之路充滿了崎嶇與轉折。我在這一路上體會到：不時花些時間來回顧一些特定的事件是極具價值的；正是這些不尋常的「時刻」讓我們成爲獨特的人。每當我回想過去這些時刻，我會檢視我是否曾完整的體驗與生活，是否用心、眞實的活過。我回顧我所做的決定，我體認到每個時刻所帶給我的珍貴價值。這些省視讓我瞭解：我的生命是我在每個特定的時刻所做決定的結果。而人生中的每個崎嶇轉折，都是通往蜿蜒的智慧之路的老師。

在讀過了書裡的敘述與經歷後，你可能會開始將你的失去看成是一個使你活得更完整與充實的機會，而不再只是帶來痛苦及哀傷的悲劇。藉由這麼做，每一天，你都能清楚意識到你人生中的「時刻」，並能滿懷自信地使每個時刻都變得有價值且深具意義。

現在，你人生中的一個重要時刻即將開始。

第一部
過程

第一章　哀傷與失去

不論我們住在哪裡，說著什麼樣的語言，在這個星球居住的每個人都不可避免地分享一個共同的經驗—失去某個與我們非常親近的人或物。這些失去可能毫無預警，發生得很突然，甚至我們早就預料到了，但還是無法改變它的發生。所有形態的失去都會讓情感與記憶浮現，對某些人而言，這些經驗可能可以輕描淡寫般地帶過；但對其他人來說，同樣的失去卻永遠改變了他們的人生。當某個人或某件事從我們的生命中消失，我們會經歷一連串身體、情緒和精神上的感受—我們稱此為「哀傷」。英文韋氏辭典定義哀傷為「由於噩耗或類似於噩耗的情況，產生的一種深刻又尖銳的苦惱；引起這種痛苦的原因：一種不幸、厄運、困難、煩惱；一種不幸的結果：災難。」

爲什麼會有哀傷？爲什麼我們必須經歷它？哀傷本身其實有一個很重要的目的。哀傷是我們對失落的反應，代表著我們暗藏在心底的不安全感；我們對於被遺棄的恐懼以及自身的脆弱，此時都浮現表面，直逼著我們正視。向來習以爲常的生活、信念和目標，突然間，再也不在我們的掌控中。我們感到害怕，無所依恃。大多數的人並不想處理或感受自己的負面情緒，然而這些情緒與我們是否能成爲完整的人，其關聯與重要的程度，並不亞於正面情緒。我們需要整合正負兩者，才能成爲完整的人。有人曾說：如果一個人不瞭解負面情緒，他也不會懂得欣賞、感謝自己正面性的情感。這是爲什麼面對並且體驗負面感受是這麼的重要，因爲透過面對，我們在內心建立起信心和自我信任。最糟糕的作法是否認並壓抑它們，這麼做只會延緩我們靈性面的成長。

另外值得一提的是，哀傷不是一種我們會從中痊癒的疾病。哀傷不僅是個事件，它也是情感、心理和生理狀態的過程，沒有人可以判斷到底多少哀傷才足夠。再者，你也不必感到有壓力，認爲一定要怎樣哀傷才算正確，因爲這沒有對錯可言；它是我們必須經歷的過程。需謹記在心的是，經歷哀傷的過程可以是健康、具有建設性，也可以是具破壞性和不健康的方式，而後者只是帶來更多的痛苦。

每一次我們所愛的人去世，我們對美好的未來又少了一些期望。想想，有一個人就這麼從我們的生命中被迫離去，一段關係瞬間被切斷，我們自然覺得挫敗、憤怒、悲哀和困惑。我們悔恨有好多事還沒做，好多話還沒有說。我們奇怪爲什麼好人總不長命，壞人卻安然無恙？爲所愛的人哀傷從來就不是一個理性的過程，我們必須學著去瞭解自己的情感，並且學習心平氣和地接受事實。有時候，甚至當一位知名人物或名流去世，我們都會經歷哀傷的過程。這和我們對那個人的興趣與喜好度有關。我們可能會把他或她的死亡視爲個人的損失。在小約翰甘迺迪去世的時候，許多不認識他的人也爲他哭泣，因爲他的死喚回了眾人對他父親、叔叔和母親的記憶，也悼念著那個似乎較爲單純的年代。

在哀傷失落時，我們會思憶過往，後悔自己過去該做而未做的事，爲流逝的歲月感到難過。我們也感歎生命的脆弱，因爲我們不知道自己的那一刻何時來到？由於死亡是可怕且未知的，我們爲自己終將腐朽感到哀傷。

說出你的哀傷

在剛面對死訊或任何形態的失落時，我們的第一個反應通常是震驚、無法置信。一段時間後，我們體認到失去的事實，接著感覺轉爲悲傷、憤怒、寂寞、愧疚、絕望、一連串的情緒和身體不適，以及其他的生理狀況。有時哀傷似乎沒有止境，我們像是陷入了黑暗的深淵，無處可逃。雖然失落與哀傷是生命中常有的經歷，但大多數的人對這些情緒的處理仍然沒有準備。首先，我們不習慣談論自己的哀傷，我們若不是將想法和感覺藏在心底，就是急著將它們拋開，或是忽視感受到的痛苦。再者，我們通常會把情況合理化爲：「如果我不去想，它就會自動消失了」。我們的社會並沒有幫助大眾瞭解失落對生活的影響，甚至沒有給予個人足夠的時間去認知他們所感受到的傷痛及困惑。

由於社會對死亡和失落寧可逃避、否認，而不勇敢擁抱並從中學習，我們從來沒有被適切地教導該如何哀傷。也因此，當死亡事件或絕症發生時，我們不知道該如何面對，也不懂該如何處理自己的情緒。由於這樣的痛苦難以承受，我們覺得否認它的存在反而比較容易。如果我們對哀傷，以及因哀傷而起的情緒能有所覺察和瞭解，我們就能多些準備，少些恐懼與焦慮，進而用正面與建設性的心態去面對。

哀傷是生命的自然過程。既是過程，就必須花時間才能走過。然而我們卻期望它越快過去越好，不讓自己透過這個機會，突破哀傷的障礙，以一種希望與新生的心情重建生活。如果我們連自己經歷些什麼都不瞭解，又如何能眞正走出哀傷？我深切的希望藉由分享我個人及其他過來人的經驗，幫助你走出傷痛的陰霾。我也會由靈性的角度提供你觀察哀傷的方法，以便你能用全然嶄新的觀點看待它，繼而走出失去的痛苦和混亂。你在態度上的改變可以幫助你成爲一個完整及具有愛心的人；你會對自己及他人有更多的瞭解，你因此能爲自己創造出更快樂及豐富的人生。

唯一逃避哀傷的方法就是逃避生命，活得如行屍走肉般，活得沒有愛。哀傷是很人性的事，它事實上是一個能夠幫助我們治癒情緒波動及內心不安的歷程。在哀傷過程中，每個人都會感受到不同程度的苦痛，而這些感覺都是自然且正常的。用健康的態度去哀傷其實是對自己的生命負責。爲了讓生命有意義的繼續，你必須允許自己哀傷。

當我們認知到失去的事實，我們要做的第一步，便是跟所愛的人道別。許多人拒絕道別，因爲他們認爲一旦告別，他們便會忘了那個人，或是再也沒有機會和他說話。道別是一個必要的動作，它能幫助我們認知到這個人只是肉體離開了，而我們的心需要某種形式來宣告結束。

在我們的文化裡，我們創造了特定的道別方式，那就是喪禮或追思禮拜。我們在教堂爲往生者點上蠟燭或祈禱，這些儀式對於生者確有其必要，很多靈魂也都提到，在喪禮中看到家人很感安慰。通常靈魂都會「出席」這類場合，這類哀悼儀式不僅幫助生者調適現狀，也能幫助靈魂認知到他們已經離開人世的事實。

不論我們是在正式的追思禮拜或是私下在心裡道別都沒有關係，重要的是，我們要這麼做。請記得，靈魂不死；知道所愛的人以另一種形式永遠在我們身邊，這就足以安慰自己。我們可以和他們說話，而他們也會聽到我們的心聲。此外，也請記得，生命不斷變化，我們其實從沒有失去過什麼。所謂的失去，只是轉換成其他形式罷了。

當其他型態的失去發生時，完成道別也有其必要。我們必須要對許多已不再屬於我們日常生活的情境或環境道別。道別從來不是件容易的事，卻常是必要的。有時候我們會走到一個階段，我們必須將生命中的某個章節闔上，在心中劃下句點。

所有的悲傷都需要被感受和認知。要開始療癒的過程，我們就必須先接受失去的事實。如果我們強行壓抑哀傷的感受，讓自己麻木，那麼我們一生都會背著未了的負荷。

被壓抑、未經處理的哀傷，就像揮之不去的陰影，影響著我們生命中的決定，也可能扭曲我們日後所面對的境況。在我們壓抑眞實感受的同時，我們將痛苦推向心靈更深處。也因爲如此，我們無法眞正活出生命最豐富多采的可能性，我們僅只是活著罷了。

靈性層面的觀點

當身體不堪使用後，我們來到靈魂世界，開啓了進入永恆生命的門戶。在那裡，我們發現了我們原來是擁有人類經驗的靈魂；我們原是精神性的存在體，地球生命只是我們做爲人的經驗而已。透過本書呈現的故事，你會瞭解我們來到這個世界是爲了靈性的進化與發展。爲了達成這個目的，我們在投胎前便作了選擇，安排了自己即將面對的諸多情況；這一切都是爲了學習和成長。有些情況可能很痛苦：比如說失去孩子，或是離婚、生病、癱瘓、失去了家及所有的財產等等。有些狀況可能沒有那麼難以承受，然而總會造成困擾，譬如說孩子長大了，搬走了；我們無親無故的孤老；我們沒能達成人生目標，不曾實現夢想等等。這些人生功課都是靈魂爲了成長及自我瞭解而選擇的。你必須記得你是以靈魂的角色參與人間的活動，你不只是肉體而已；你在人間扮演的角色是爲了進化到靈性的更高階。你或許和另一個人有著業力的牽扯；或許你必須改變一些你對人生的信念；或是你必須學習去控制憤怒的情緒；你必須發掘自信心及自我價值；也或者，你早已決定爲了他人而犧牲自己的需要。

不論來到人間的原因爲何，不論要學的課題是什麼，我們在世間所經歷的境況，永遠是靈魂所做的決定。如果我們記得這些，我們便會意識到：生命其實是一個持續的過程，我們會來到世上，自會有離開的一天。這一世只是我們的靈魂在眾多人間旅程中的一個行程；而你活在此時此地必定有原因及目的。因此，請讓你的哀傷成爲你靈魂成長的機會。

由下一章談論哀傷過程的內容，讀者們可以瞭解到哀傷對每個人都是很常見的情緒。然而，經歷了失去的哀痛，我們是要以樂觀的態度繼續生活，還是沉陷在哀傷裡？這永遠都是你的選擇。

第二章 哀傷的過程

人生是我們在這個世上所累積的經驗。就其本質而言，人生是透過我們的情緒、身體、心智和心靈的篩選後，所有事件的總合。人類生命的目的正是要我們欣賞自我這些不同的面向；當經歷人生境遇的高低起落時，能在知識及智慧上有所成長，成爲具有愛心和靈性的人。

生命經驗裡一個很重要也很痛苦的部份便是哀傷。哀傷是失落後的自然結果，它也是生命中無可避免的部份。因哀傷而引起的痛苦與不適的程度和我們對所失去的人事物——摯愛的人、某個情況或寵物——的情感深淺、依附度及認同有關。不論是哪種形態的失去，它帶給每個人的衝擊都不同，每個人也以他獨特的方式反應。

在我的第一本書《與天堂對話》裡，我詳細的說明了一個人在面對失去時會有的最初反應。現在，讓我將它們延伸並整合到哀傷的各個階段。

哀傷的階段

當你閱讀並使用這些階段作爲參考時，請明瞭它們全都是健康的反應，而每個人都可能以不同的方式和時間來經驗每一個階段。這些感受與階段既無規則可循，也沒有統一的編制。一個人很可能會陷在某個階段而無法前進到下一個。這些階段也常常會混合重疊，或是某人可能在不同的時期經歷到好幾種哀傷的階段。每個人都以自己獨特的方式與時間周期去經歷哀傷。我們必須要有耐心，並認知到哀傷是一個過程。事實上，在生命的旅程中，我們全都是「進行式」，沒有什麼事是一夜之間就能完成的。

許多人靠自己走過哀傷，也有很多人無法適應，因而需要他人的協助和指引。在你的療癒過程中，心理治療師、輔導員、家人或朋友，都可能扮演重要的角色。他們能夠鼓勵你繼續生活，分享你的內心感受和想法。很多時候，我們只是需要有個人可以說話，並不是要找人來評論或爭辯，只要聆聽就好。聆聽可以幫助哀傷的當事人表達並說出痛苦。雖然失落有很多種，失去伴侶和丟掉工作的狀況就大不相同，然而哀傷過程都是一樣的，而我們受影響的程度則和我們對失落感受的深淺有絕對的關聯。

◇震驚

通常人們遇到失落的第一個反應是完全不相信事情的發生。突如其來的事件令人吃驚，我們心裡幾乎沒有任何準備。世界一夕間崩塌了，我們覺得失去了控制。不論死亡是毫無預期還是長期臥病的結果，當生命終結的那一刻來臨，任誰都會震驚。噩耗傳來，就連最堅強的人也會感覺癱瘓。負荷過重的情緒讓我們感覺像是被卡車碾過一般。

在哀傷的第一個階段，我們通常不能瞭解所發生的巨大衝擊，我們也無法想像事情的發生。我們愣在那裡，感覺麻木；就好像嚴重的意外之後，身體會休克一樣，我們的心也進入類似的休克狀態，目的就是爲了處理情緒上的劇變。我們可能會在心裡一再說著如：「我不相信」「他不可能死了」或是「這絕不可能發生」的話。重要的是，你要明白你並沒有發瘋，你這樣的反應是正常的。你的震驚可能持續幾小時，甚至幾個月。當你不斷的重複：「這不是眞的」時，你可能會覺得你像是活在一個眞實人生的惡夢裡。麻木的感覺是暫時的，震驚的狀態則可能會持續一段時間。

當人們處於震驚時，常常表現得像機器人一樣，做著僵化的動作，也常常無意識自己在做些什麼。同時，記憶力常會有減退的現象。很多習以爲常的日常瑣事，現在也模糊不清了。我們可能會忘東忘西。別人對我們說話，但我們沒聽進他們說什麼。我們連明天做什麼都不知道，更不用談計劃未來了。我們身體的行進像是慢動作。這些都是極度震驚之後會有的反應。

震驚或多或少是一種防衛機制。當我們無法處理或承受過於強烈的情緒時，它幫助我們度過悲劇事件發生後的頭幾天，使我們不必感受到死亡或環境劇變的全面衝擊。震驚過後，麻木漸漸消失，我們才慢慢開始瞭解現實的情況，但是我們會發現自己還是說著：「我不能相信。」由於我們面對的是一個全然不同的局面，我們需要時間去習慣一切已然不再相同的生活。

◇否認

否認經常伴隨著震驚而來，這兩種反應幾乎是前後緊隨出現。否認和震驚一樣，都是扮演心理緩衝器的角色。當我們否認時，我們假裝事情沒有發生，如此才不必去面對新的狀況，處理因此而生的情緒。由於我們習慣了生活中的人事或舊有的模式，一旦事情有了改變，我們不想接受這個變化，我們因此否認它的存在。我們否認的狀態越久，我們越是逃避面對哀傷。

否認有好幾種不同的層次，視悲者對所失去的人事的依附程度與情感而定。否認會一直存在我們的生活裡，直到我們能夠認知到我們的失去，並且經歷哀傷的過程。在整個過程中，有許多人會一直停留在否認的階段，他們開始用酒精、藥物或毒品來麻痺痛苦。若是在離婚的情況，有些人則是立刻進入另一段親密關係，不給自己走過哀傷所需要的時間。人們停留在否認的情緒裡，因爲他們不想面對，也不想處理內心的苦痛及悲傷。

當悲劇發生時，許多人常會轉移注意力或是陷入幻想，讓自己的心智忙碌，這也是爲了使自己不必去面對痛苦。我們以爲只要不去想，這些不幸的事就會自動消失，然後每件事就會恢復正常。其實，這只是我們和自己在玩的心智遊戲。如果我們眞的希望重回生活軌道，遲早我們得從幻想中醒來。我們停留在否認的狀態越久，我們的遊戲越是會變成殘酷的惡夢。因爲不論如何，最終，眞實總會浮現。

我們的社會向來是建築在逃避主義和幻想上。面對這世上的種種不愉快問題，否認似乎是個好方法，因爲它使我們不必去處理存在的難題。我們不喜歡去想到它們，我們寧可逃避。我們不喜歡無助及無望的感覺，因爲這個社會並不鼓吹這樣的感受。沒有人教導我們，當改變生命的重大事件發生時，我們該怎麼做，該如何感受和舉止，但我們卻知道不該表現出脆弱或容易受傷的姿態，我們也最好不要哭泣，因爲這些都代表個性的缺陷。由於這類的行爲不被接受，我們自然不會想讓自己的脆弱暴露在眾人面前。難怪有許多人寧可否認心靈的痛苦與哀傷，也不願意面對承認。

當我們否認一個狀況時，我們掩飾痛苦，裝出一切如常。然而，我們必須要感受痛，療癒的過程才能開始。當我們拒絕感受痛苦的時候，我們同時也麻痺了愛、喜悅和歡樂的情緒，這些都是使生命歡愉，足以繼續下去的重要情感。爲了迅速的從失去的痛苦步上療癒的路，你需要感受所有的情緒，不論是正面還是負面。如果一個人的否認程度非常嚴重，他拒絕面對生命的現狀，或是不願活在新的現實裡，他必須尋求心理治療師的幫助。只有專業人士才能協助這類與現實情況嚴重脫節的人。

◇討價還價

在親愛的人去世前和上帝討價還價或談條件是很常見的情形。我們會請求上帝挽回他的生命，我們願意以改變某種行爲來作爲交換，例如「我一定戒煙」或是「我一定從此上教堂」等等。這種討價還價的情形也會發生在剛剛失去的階段。它是我們用以控制局面的階段性方法。

討價還價也是另一種自我保護的機制。我曾經接觸過一些人，他們震驚及否認的程度實在太深了，結果像是什麼也沒有發生似的如常生活。他們活在一種虛懸的現實裡。有位婦人日復一日爲過世的先生準備晚餐，她一心認爲他會回來吃飯，她甚至會和他說話，好像他就在同一個房間；這種對話天天都進行著。另一位婦人則不斷的等待她死去的孩子回家；每次電話或門鈴一響，她總是滿心期盼的跑去接，想著會是她的孩子。母親認爲死亡的指認上有誤，孩子隨時可能回來。在她的心裡，她認爲老天會給她的孩子第二次生命的機會。

如果親人死亡的那刻，我們不在現場或是來不及參加喪禮，這類情形更是常見。由於沒有親眼看見死亡，人們常會繼續讓自己相信這件事並沒有發生，也因此從未和死者告別。

討價還價也常常被用在離婚或是被解雇的情況。當事人會承諾上帝：如果他怎麼怎麼做，事情就會逆轉，或是被奇蹟似的阻止。然而，不論現實如何殘酷，時光仍然無法倒流。討價還價，也像否認一樣，只是徒然拖延了我們面對現實的時間。

許多人相信奇蹟，他們和上帝談條件，如果他們改變某個作爲或是重新做人，事情就會回復往常一般。有時候，因爲失去所帶來的心理震撼太大，大到無法承受，我們就會採取這種理性推論的方式。

在人們能接受殘酷的現實之前，討價還價確實可以爲某些人帶來暫時的撫慰。這個階段的哀傷及失落，在某種程度內，都算是正常的。然而如果持續太久，就會妨礙療癒及繼續生活的能力。我認識一些在這個階段進進出出多年的人。我很清楚，如果我們活在一個充滿「否認」及「討價還價」的虛幻世界裡，我們會開始與四周的眞實世界脫節。作爲健康的人，我們必須在生理、心理、情緒與精神的所有層面都活躍的參與人生。

◇憤怒

回想一下，上一次你感覺陷入了某個狀況，走不出去的時候。你是不是感到無力？你覺得無法掌控，像是有其他外力介入？這種無力與失控感正是感覺憤怒的特性。死亡是我們無法掌控的事件，因此當所愛的人去世，憤怒是很常見的情緒。

首先，你的憤怒是針對那些你認爲導致你遭遇特定情況的人。你會對往生者生氣，因爲他丟下你，讓你孤零零的獨自生活。夫妻會因爲離婚而相互生氣。你會對辭退你的老闆生氣。你在心裡自語：「你怎麼能對我做這種事？」接著，你會怪老天爺，怨說時間未到。你覺得有一種看不見的力量在懲罰你，而你被犧牲了。「老天怎麼能把他帶走？」

「老天怎麼可以放我在這樣可怕的處境？」最後，你還生自己的氣，「如果我做了什麼什麼，他就不會死了。」「早知道我就應該……」「我怎麼會把事情弄成這樣？」

我常遇到對摯愛的死亡感到非常憤怒的客戶。通常他們感覺被遺棄。「他留下一堆亂七八糟的事情給我。」「她實在沒權利拋下我孤單一人。」有些憤怒是因爲財務上的困難，這種情形常見於死者生前是理財的一方。有些憤怒則是針對醫生或醫護人員，怨怪他們沒有在死者生前盡到妥善照顧的責任。有些人對自己生氣，悔恨沒有好好對待已逝的摯愛親友：「我恨自己沒有多對她說愛她。」「他活著的時候我總是抱怨他。」活著的人用許多方式表達他們的氣憤，比如經常動怒或突然間情緒爆發。怒氣也可能向內抑制而形成憂鬱和絕望。

有些人的憤怒期很長，有些人甚至餘生都會如此。感覺憤怒一段時間並沒有關係，事實上，這是正常的。雖然這種感覺並不令人愉快，但這是哀傷過程的一部分，而我們也都有感覺不愉快的權利。我們必須要能表達自己，因此表達憤怒也是健康的做法。有很多人覺得他們不應該生氣，因而往內壓抑他們的無力感。然而，我們越是壓抑憤怒，這個負面情緒越是留在我們的身體裡，久而久之，它會以疾病或是某方面機能失調的方式呈現。我們必須記得：我們如何餵養身體，它就會如何滋長。如果你積留了怨恨與憤怒，它們總會顯現在你生活的其他領域；它可能影響你的人際關係，可能減弱你的工作效率或成功的能力。你也可能會憂鬱，因此開始服用藥物讓自己覺得好過些。然後，有一天你醒來，無法明瞭爲什麼你的生活一團糟？如果這時你能回溯感受，你可能會發現在某些你感到無法掌控的情況下，你從來沒有表達過你的憤怒。你從來不讓你的怒氣宣洩。

在人與人的互動中，憤怒是一個非常明顯的情緒。我們在直覺上很容易就能感受到他人的憤怒。我在工作時常常見到這種情形。有時候，沒有什麼明確的理由，某人會向另一個人咆哮或尖叫，他甚至沒有意識到這種發怒是源自深植內心的痛苦。一個人越是不表達情緒，越是掩藏苦痛，他所積壓的情緒越是容易爆發，而爆發常常會帶來毀滅性的結果。對於友人剛去世的青少年更是如此。如果青少年沒有處理自己憤怒的能力，當和自己年齡相仿的朋友去世時，他們很可能會以暴力的方式來表達情緒。這是爲什麼讓每一個人，包括孩子與青少年，說出他們的感受是如此重要。青少年沒有表達出的哀傷，特別是男孩子，有時會釀成殘殺事件或幫派的暴力活動。

如果我們都能學習以不傷害他人的方式表達憤怒就太好了。表達憤怒的安全方法有很多種，運動就是幫助我們將這種能量宣洩的途徑之一。如果你很氣某個人，你可以誠實地告訴他，你並不須因此怒氣沖沖；你可以到無人處高聲吶喊；我則是在自己的房間。我們都必須釋放、宣洩內心的憤怒，不然它會轉爲狂暴的情緒，而我們都知道盛怒爆發時帶給社會的負面影響。當我們釋放怒氣，我們覺得輕鬆許多，因爲我們放下了心裡的疙瘩。

如果你遭受到他人的言語攻擊，或是冷漠對待，你必須瞭解這個人正承受著某種痛苦，而你幫助了他釋出心中的壓力和怒火。對多數人而言，要處理他人的憤怒情緒是件相當棘手的事，尤其在我們都不知道該如何處理自己內心衝突的時候。請記得，此時你並不需自我防衛或辯護，如果你回應他的怒氣，你只會使他更生氣、更激進。當別人挑釁時，我最喜歡的處理方式是慢慢的從一數到十。我發現這麼做可以減輕情緒能量的衝擊，讓我有時間控制自己的想法及感受，重掌自我情緒的主控權。

◇罪惡感

當所愛的人去世，感到愧疚或罪惡感是另一個很常見的反應。大多數的人不瞭解罪惡感也是哀傷的階段。通常人們會覺得他們有所疏忽、沒有盡到責任，或做錯了什麼事。罪惡感也會以自責的方式呈現。譬如說，當父母失去孩子的時候，他們常會覺得自己要爲孩子的死負責，雖然事實並非如此，但他們就是這麼想，於是內心背負著罪惡感的重擔。

有一次我在亞利桑那州的鳳凰城出席研討會，期間我接連做的兩次通靈都和孩子的死亡有關。第一個案例是一位女孩在車禍中喪生。第二個案例是一個騎摩托車的男孩被汽車撞上。在兩個事件中，做父親的都對孩子的死深懷愧疚，他們覺得自己應該事先警告孩子，使他們不致受到傷害。由於父母是孩子的保護人，當孩子死亡，父母會理所當然的認為自己失職。這兩位父親相信是他們的錯導致孩子的喪生，這種認定一直到孩子的靈魂告訴他們，無論他們做什麼都無法制止意外的發生，「你們總是耳提面命要我小心意外。」女孩對她的父親說：「但這是我必須經歷的事，你無法阻止它發生。」除了自責未盡到責任，父母也一向認爲自己會先孩子而去，雖然這是邏輯的推論，我們也要記得，我們是在靈性的旅程——生命並不止於物質世界。然而，即便明白了這個道理，孩子的死對父母仍像是個人的失敗，他們的罪惡感常常會轉變爲感覺自己沒有價值，或是自己受到了詛咒。

如果你是重大悲劇的倖存者，通常罪惡感會更重，這就是所謂的「生還者的罪惡感」。例如，你在一場車禍意外失去了所愛的人，而你正是開車的人。當死亡涉及任何一種災難，譬如空難、槍擊、爆炸等等，這類災難生還者的哀傷是極度沉重的，他們會怪自己：「爲什麼我會坐那個位子？」「我已經活夠了，爲什麼走得不是我？」「他是個好人，應該是我死啊！」生還者有罪惡感，因爲別人走了，他們卻還活著。除此之外，他們還要承受來自死者家人的無形壓力；有些罹難者家屬會在心裡怪罪倖存者的生還。

當摯愛的人去世，許多未了的事也從此無法解決。對於過去發生的憾事，我們多希望我們曾經說過對不起。對於未能遵守的承諾，我們的心充滿愧疚。「我們早該和解的了。」我們的腦袋像跑馬燈一樣不停轉著：「如果這樣或那樣就好了……」許多時候我們會對無關緊要的細節感到歉疚：「他最愛巧克力冰淇淋了，我爲什麼以前不常買給他？」我們像是把巧克力冰淇淋和延長生命劃上了等號，好像這樣就比較能承受打擊。我們必須要小心，不要讓愧疚操控了思想，這是爲什麼我們對於自己想法背後的原因要有清晰的瞭解。

許多時候，人們因爲摯愛去世時自己沒能陪伴臨終而感到愧疚。我在進行通靈時，常常碰到這類情況。事實是，大多數時候，靈魂會選擇無人在場時離開身體；也幾乎很少有靈魂會責怪親友爲何沒在臨終時陪伴。死亡永遠是一個選擇，它不是一個等待著發生的意外事件。我們實在沒有必要用罪惡感來加重情緒的負荷。

人們也常常會爲了自己因某人離世覺得愉快或解脫而感到罪惡：「我不應該這麼快樂。」「我怎麼可以有這種想法。」「我不值得。」這類自我批評和懷疑的心態會破壞自我價値與形象，對我們的一生有長期且破壞性的影響。

當死亡或其他悲劇發生時，怪罪自己是很常見的現象。我們會捶手頓足、揪著頭髮、咒罵自己的缺點，不斷地說：「應該這樣或那樣就好了。」我們感覺愧疚，因爲我們認爲如果當時做了什麼，事情就會有所改變。我們以爲只要想出來爲什麼這個人會死、爲什麼我們會失去房子，或是爲什麼我們會得癌症，我們就可以找出理由責怪自己並懲罰自己沒能阻止事情的發生。這就是罪惡感引發的困擾。

在上述的情況裡，我們必須適切且誠實的評估，自己是否製造了不合實際的情境，言過其實地誇大了它們的存在。我們能不能繼續生活下去？是否到了要放下生命中某段關係或是處境的時候了？我們必須不帶偏見和責怪，對自己的人生做出決定。對於過往的事感到愧疚並不能改變它，懷著罪惡感卻必然會阻礙你的心的療癒過程。因此，何不試著去眞實且客觀的審視你生活中的處境？問問自己：「我學到了什麼？」「這件事情會如何改變我的人生？」「我會因此變得更有同情心和愛心嗎？」最後，再問問自己：「這份新的瞭解與領悟能不能幫助其他人？」如果答案是可以，那麼你就是選擇了療癒生命的道路，而不再任由罪惡感吞噬你的人生。

◇悲哀與憂鬱

悲哀是哀傷過程中最明顯的感受。在這個階段，我們會經歷極深的絕望與低潮。我們開始切斷對外的聯繫，封閉自己的心，孤立自己；感覺孤單且無助。我們掉入了憂鬱與沮喪的漩渦。這是最難走過，也可能會持續好一段時期的階段。

在整個哀傷的過程中，悲哀與憂鬱其實一直暗潮洶湧地存在。當我們意識到所愛的人，不論是配偶、親友還是孩子，再也不會和我們一起，我們再也見不到他的時候，我們懷疑「我怎麼活得下去？」這種情形在我們失去寵物、家園、工作，或是得知親近的人患上重病時也都會發生。我們的心滿是悲傷與憂愁。我們知道生活已經改變，我們的生命再也不會和從前一樣。舊有的熟悉與溫馨不再復返。我們可能必須獨自回家面對空蕩的屋子，或者必須重新安排生活，以便照顧年邁的父母。這一切都是如此困難，我們不禁想：「生命怎會如此艱辛？」我們可能感覺自己行將溺斃，身邊卻沒有半個人可以丟救生圈過來。我們也不免想到自己的死亡，我們的渴望，還有未來。

「生命有任何眞切的意義嗎？」「我們活著到底是爲了什麼？」我們發現自己憂慮許多事情，但是沒有方法可以改變它們。能夠認出憂鬱的徵兆，並且誠實面對自己的感受是非常重要的。在哀傷的過程中，輕度憂鬱是正常的，它表示你正對「失去」感受及反應。

如果我們沒有靈性或宗教方面的信仰，憂鬱可能會因此佔據並影響我們的生活。如果我們對生死的意義沒有眞正性靈上的瞭解，我們會不斷與感覺失落的情緒掙扎。面對失去，其實是一個擴展內在靈性的時機。在本書後部份，有一些練習和靜坐可以幫助你專注在內心的靈性。

憂鬱過久，對身心都會造成傷害。我們可能變得像行屍走肉或是離群索居。如果我們讓哀傷的任一階段全面籠罩和影響生活，我們會失去積極投入生命的動力，療癒的過程也會因而停止。我們必須瞭解：不健康的哀傷會阻礙靈性的進展。我們必須記得我們還活著，因此我們必然還有目標需要完成。要相信：上帝不會犯錯。

以下是一些嚴重憂鬱的症狀：

*對曾經重要的事物或喜好失去了興趣
*飲食與睡眠的模式有很大的改變
*經常無法控制的大哭失聲
*完全獨處的需要
*退出所有的社交活動
*感覺完全無望與無助
*有自殺的念頭

當我們嚴重憂鬱時，主動尋求他人的幫助也會變得困難，這是爲什麼在生活中有支持我們的人或團體是非常必要的。

◇哀傷的生理顯現

恐懼與焦慮也是哀傷過程的一部份。通常我們很難想像恐懼也會出現在這個過程裡，因爲悲哀與傷痛已佔據了我們大半的時間。不過我們的確會爲了失去另一半或好友而焦慮不安，並對未來感到恐慌。在失去家園或工作後，我們可能會變得怕黑，或是害怕冒險。生活就像一面鏡子，它會反映出我們放入內心的東西。長期的恐懼與擔憂常常以各種生理症狀和疾病顯現在身體：

*沒有胃口
*頭昏和暈眩感
*心悸
*失憶，精神無法集中

*失眠
*頭痛
*口乾
*胃抽緊
*排泄問題
*手心出汗
*忽略平日的衛生習慣
*吞嚥困難
*肌肉疼痛

當我們經歷生命中的傷痛，身體會自然的以各種方式反應。在哀傷的過程中，感覺擔憂與焦慮是正常的。我們會感到不確定及困惑，也可能覺得驚慌。這些感受全屬正常，因為我們經歷的事件確實是人生的關卡。有一位女士希望我為她進行通靈，但自從她先生去世後，她就不敢出門。她在十八歲就嫁給他，在三十年的婚姻生活中，只和她先生分開過一天。她的自我價值感和她的先生緊密相依。先生過世後，她作為妻子、伴侶和愛人的角色結束了；她覺得她失去了對自我的身份認同。「我是誰？」她自問。她變得困惑，注意力渙散，最後患了廣場恐懼症。她食不下嚥也難以成眠。她不敢踏出家門，因此無法外出工作，但她的家庭在財務上很吃緊。她悲傷失去了摯愛的先生，這些哀傷症狀也持續了大約一年。慢慢地，在友人及孩子的協助下，她逐漸恢復自信，恐懼也開始退去。如今，她有了新的工作，情況已大爲改善。

我們的生理症狀事實上反映了我們的情緒狀態，認知到這一點很重要，因爲生理與心理是相輔相成的。胃抽痛、喉嚨或嘴巴乾燥、失眠等等，都是憂傷、恐懼、罪惡感和焦慮外顯的症狀；這些都是哀傷的一部份。假使我們曾經失去過孩子，我們會更加擔心其他孩子的安全；如果我們曾經失去工作，我們會害怕自己有天也會失去家，或是被朋友及鄰居排斥。這些悲慘陰鬱的想法雖然大多不符實際，也不會發生，但對當事者而言，它們卻是非常眞實的恐懼。

在你表達感受並經歷了哀傷的幾個不同階段後，你會開始感覺輕鬆一些。好好哭一場能幫助你釋放悲傷和恐懼；和朋友及鄰居談一談能幫助你回到眞實世界。請記住，這些感受都是暫時的，你不會因此發瘋。

◇接受

哀傷過程的最後目標是接受。當我們走到這個階段，我們便認知到了眞實的情況。我們需要接受失去的事實，傷口才可能痊癒，也才能繼續我們的人生。然而，這並不代表著我們必然同意發生的事，或是我們已不再哀傷。我們仍然會經驗失去與哀傷的各個階段，我們仍會不時地掉入憂鬱、罪惡感，以及其他種種情緒。我們會在哀傷的過程進進出出，這一切沒有既定的規則或時間的限制。

接受了現實之後，我們瞭解到：生命中有些情況是我們無法控制或改變的。在這個階段，我們能以新的眼光來看待生命和其中的人與事，也希望我們學到了將來能夠助益自己及他人的知識與智慧。透過接受失去的事實，我們開始了復原的過程。我們可能會重新評價生命並自問：「我從這個境況學到了什麼？」「它帶給我什麼機會？」「我現在有什麼不同？」

在這個階段，我們對自我及未來重新規劃。我們確實瞭解到摯愛的人已經遠離，或是舊有狀況已經不再，雖然我們仍然感到悲傷和心痛，但是我們可以將重心放在如何好好活下去。我們可以爲自己創造出一套新的價値觀。我們可能決定把房子賣掉，搬遷到他處。我們可能決定回學校念書、進修或轉換職業。我們可能離開一些負面或對我們無益的友人。我們可能決定去做義工，加入曾經幫助過我們的哀傷支援團體。我們可能決定多抽些時間散步或多接觸大自然。不論我們怎麼決定，我們會發現，「失去」衍生了許多機會。雖然生命不可能再回到從前，但是在我們還居住在這個稱為地球的教室時，仍有許多事值得我們去做。

評估你的進展

在哀傷的過程中，你對情況的情緒反應都被放大。飲食、睡眠、工作、壓力等種種因素，可能令你這一刻感覺失控，下一刻又覺得麻木。有時候，尋求外界的協助是必要的。一位好朋友、鄰居、親戚或是支援團體，在此時都有莫大的價值。請記得，你的心境和態度不會在一夜之間改變。因此，建立一套支援網絡或體系，在你覺得最黑暗的時刻提供幫助是非常重要的事。你越是孤立，你的哀傷越深，痊癒的過程也就越慢。如果負面心態主導了你的行為，專業人士的協助更是必要。不健康的哀傷可能導致酗酒或嗑藥；引發胃潰瘍和頭痛等慢性健康問題；瘋狂購物、暴飲暴食等強迫行為；經常作惡夢、暴力傾向、常常想自殺等等。如果這些問題持續下去，請向醫生、心理治療師等專業人士尋求幫助。大部分醫院和教堂的哀傷諮詢服務中心也都可以爲你找到所需的協助。有時候，團體的支持最爲有效，因爲你可以向正經歷相同悲慟的人學習。此外，也有許多哀傷支援的網站。在人生的崎嶇路上，我們每個人都需要一些幫助，使自己重回生命的跑道。

在本書的下一個部分，你會讀到哀傷過程隨著個人的情況而異。不論你目前處在哪個階段，我希望我透過通靈所傳遞的訊息，能在你需要的時刻幫上你；這些話曾經安慰了許多人，幫助他們新生。來自靈魂的訊息爲我們確認了生命的連續性，他們傳遞的是宇宙的愛和智慧，許多生命都因他們改變；困惑和痛苦也轉變爲靈性發展與成長的機會。由於瞭解到死亡並不可怕，人們得以學會享受生命。也有些人認爲所愛的人的去世帶給了他們一項靈性禮物：他們不再執著於掌控每一件事。其他人則認知到改變既無法避免，於是學習接受現實，從而替生命創造出新的生機。

當我們進入內在的神性能量時，我們就能幫助他人自助。這是我希望透過書裡第二部份的實證故事所傳達的訊息。當你接受失去並經歷自己的哀傷過程，你會隨著每個階段改變和成長。凡事都是選擇，而選擇權永遠都是你的。透過和「另一邊」靈魂的溝通，我自己也不斷向他們學習選擇愛，以及寬恕自己及旁人的必要性。

小小的一橫

我曾讀到某人在一位友人喪禮的談話。
他提到她的墓碑記錄著她生與死的日期。

他先說到她的生日，含著淚再說到她死亡的日子，
但是他說，最重要的，是生與死日期中間
那小小的一橫。

因爲這一橫代表著她在世上的所有時間，
只有愛她的人知道那小小的一橫有多麼珍貴。

我們擁有多少車子，房子，現金…，並不重要，
重要的是我們如何活、如何愛，

如何渡過那小小的一橫。

所以，好好的、深切的想一想……

你有什麼想改變的嗎？

因爲你不知道還剩下多少時間。

（你可能已經走到小小一橫的中央）

如果我們可以放慢腳步，想想什麼才是眞實與重要的，

並且試著去瞭解他人的感受，

少生氣，多些感謝，

愛我們周圍的人，好似我們從不曾愛過。

如果我們彼此尊重，常常微笑，

記住那特殊的一橫，可能就只停留那麼一會兒……

那麼，當別人唸著你的祭文，提及你的一生，
他們說到的你，會令你覺得驕傲嗎？
你是如何渡過你那小小的一橫？

——琳達・愛麗斯（Linda M. Ellis）

第二部

當所愛的人去世

第三章　家人去世

當父親或母親過世，有一部分的我們也隨著他／她死去。我們心碎，感到迷惘，充滿對未來的不確定感。向來被我們仰賴爲靠山的父母走了，我們還能依靠誰？父母任何一方的過世都會令人不安，原因有很多，但它主要提醒了我們，自己也終將面臨那麼一天。

不論我們的家庭是問題重重還是和樂融融，當父親或母親過世，我們也爲自己失去的那部分哀悼——我們的童年。父母是最先觸碰我們生命，也是最先教導我們認識這個世界的人。事實上，他們是我們最初的愛戀。在嬰兒時期，我們依賴他們提供所有的需要，滿足我們的希求。他們舒適的撫摸與擁抱讓我們感覺自己是受到保護的。他們是我們的守護者，使我們不致受到四周未知事物的負面影響。

對許多人來說，父母是最忠實的支持者，甚至在我們覺得自己做得很差勁的時候，他們依舊鼓勵並爲我們喝采。當生活不如意時，父母通常是我們唯一可以信靠的人。我們的世界大部分是透過他們的眼睛和心靈塑造出的。雖然我們很想否認，可是在我們的身上，的確可以找到許多來自父母的印記與影響。我們與父母親有很深的認同，這是爲什麼當父親或母親去世，我們會感到茫然不安，就像赤身站在一條不熟悉的公路上一樣，站在十字路口的我們不知何去何從。我們的保護者、我們的家、我們的庇護所不在了，我們也永遠不一樣了。

當父母還在世時，通常我們會覺得父母的死亡是一件非常遙遠的事，我們不曾多想這個問題。在下意識裡，我們認爲自己的父母好像神一樣，會一直看顧我們。就算瞭解生老病死是自然的定律，我們會設想當那天來臨時，我們一定準備好了。但是，我們眞的準備好了嗎？等你讀到我親身的經歷，你就會明白，不論是在哪種情況，我們永遠不會準備好去面對父母的死亡。

共通性

這些年來我做過的通靈解讀中，有許多案例都和父母的去世有關。雖然每個個案的感受、反應、哀傷的階段及程度各有不同，但是在他們之間有一項相通點。一般而言，總會有幾件沒有解決的情緒問題浮現表面，大多和孩提時期就已經隱瞞父母的事情有關。舉例來說，父母死後，孩子常常會有某種程度的罪惡感，這種罪惡感可能和以下一項或全部的例子有關：

我應該告訴爸爸我愛他。
我為什麼不在媽媽還活著的時候，向她道歉？
我為什麼沒有常常探望或打電話給媽媽？
如果我多注意一點，他可能就不會死了。

從本章的第二個通靈個案裡，我們可以看到有些人終其一生都活在父母的陰影下。許多人在父母死後活得痛苦、寂寞，甚至絕望。他們哭喊著：「你怎麼可以離開我？」有些人照顧生病的父或母多年，等到他／她走了，他們變得害怕繼續生活。他們掉入憂鬱的深淵，無法開始新的人生。

責備是另一個在父親或母親過世後的常見情緒。我們責怪每一個人，從醫生、手足，甚至到還活著的父或母。我們覺得失去了力量，所以我們發火，怪罪把他／她帶走的任何事或人。雖然我們可能成年了，但在心裡還是像小孩子一樣。「如果你沒有這麼做或那麼做就好了。」「你爲什麼要那樣說？」「你早應該……」或是「你早可以……。」

我們也會有氣憤、被欺騙，甚至怨恨的情緒。我們會對自己生氣、對去世的父／母，甚至整個世界生氣。我們可能記起父母曾經如何錯待、虐待或甚至遺棄我們。「你爲什麼那樣對我？我恨你！」「你毀了我的一生，我很高興你死了。」如果我們要發洩怒氣，我們一定要找個對自己和他人都安全的方法。經由支援團體或諮商師，我們可以找到協助療癒的資源，這會是最好的作法。

另一方面，有些父母是孩子最好的朋友和知己，就像第三個例子。失去了親近的他們，就像頓失臂膀，我們覺得被拋棄，感到悲傷、寂寞和沮喪。「我要向誰訴說我的問題呢？」「還有誰會聽我說？沒有人會給我那種特別的關心和愛了。」當這麼強烈的情感聯繫被切斷時，我們可能會常常哭泣，爲自己感到可憐，我們也可能因此從生活中退縮。有時這種悲傷太深、衝擊太大，身體健康也會受到影響。

就如我前面所說，父母的死亡可能使我們面臨人生的十字路口。站在那個交叉口上，我們必須問自己：「我從父親（或母親）身上學到了什麼？」「現在他（或她）已經走了，我願意過一個不同的生活嗎？」「我到底要一個怎樣的人生？」最後你可能需要原諒他曾經如何對待你，也或許是你要向他說抱歉的時候。這也可能是促成你和其他家人的情感，放下曾有間隙的機會。或是你可能開始認識到某層面的自己，而這是你以前從未探索的領域。喪親之痛也可能強迫你以一種不同，然而卻較為正面的態度去看待這個世界。

即使雙親健在的幸福架構破碎了，你時常感到心痛，終究你還是會走出傷痛。這是哀傷過程的一部分。這時可能正是絕佳的時機，讓你做出重要的選擇，進而踏上一條嶄新的人生方向。

多數人在有生之年都會經歷父母的過世。雖然我們在哀悼時都會覺得悲痛、難過或寂寞，但每個人痊癒的過程卻不會相同。我希望所有曾承受失親之痛的子女們都能瞭解：我們的父母親，永遠都活在我們這些被留在世上的孩子心中。

母親的過世

我的母親和我有著非常特別的關係。我是四個孩子中的老么，我總愛提醒她最小的最倒楣。我常跟她說，我一出生，什麼東西都是舊的——玩具、衣服，甚至媽媽的愛。這說法當然不是眞的，我只是想法子要得到她的注意。在我的童年時期，母親就是我的磐石。父親當然也是，但是是不同的形式。在我的記憶裡，父親總是工作、工作、工作，他爲這個家提供生活所需，賺錢回家的他是家的另一個支柱。

我對母親最早的記憶，是她陪我走路去幼稚園的時光。我會牽著她的手，告訴她我不想離開她，因爲我總是想念和她在一起的時候。我告訴她，其他的孩子都沒有她有趣。她聽完就笑，捏捏我的手心。小時候，我的個子很小，其他大個子的孩子常常逗弄我，她會說：「告訴我誰欺負你，我會給他幾下子。」我一直很喜歡她這種表達方式，讓我想起她愛爾蘭的血統，還有他們的火爆脾氣。從小，我就認定我的母親是我的玩伴和保護者。

現在，當人們因爲新書宣傳會或在某個社交場合和我有所互動時，他們會很訝異我的幽默感，也說很喜歡我的笑聲。我告訴他們，我的幽默是來自母親的禮物。她的急智簡直不可思議，她的笑聲更是具有感染力。她能使每一個人發笑，尤其在她故意用愛爾蘭土腔說話的時候。當她擠眉弄眼時，她像是一個精靈。我很高興我從她那裡遺傳到了一點點精靈的魅力。

一九八〇的夏天，母親生動的笑聲停止了。一天下午，她坐在椅子上，忽然不能說話，也無法移動手臂。我的兄姐們和我立刻打電話給工作中的父親。父親要我們立刻送醫，我們叫了救護車送她去急診室。醫生爲母親做了一系列的檢測，我們在等候廳一直等到第二天早上。終於，我們被告知檢查的結果：母親中風了，她的右半身癱瘓，語言能力完全受損。一個能夠用笑語使滿室生輝的人，從此再也不能言語。

這件事對我們的打擊很大。接下來的幾天，我們遍訪所有醫生和專家，詢問更多的資訊，「她能不能再說話？」「她能走路的機會有多少？」「她還能活多久？」沒有人能告訴我們答案，至少不是我們想聽到的答案。時間一天天、一周周的過去，而我的母親只復原了些微。兩個月後，她只能走一點點路，動動她的右手，還有眨眨她的眼睛。對於所有曾經中風過，或者認識中風的人而言，看到一個原本強壯、活力旺盛的人變得無法動彈，這眞是一件非常痛苦的事。我和我的家人都覺得好無助，我們不知道該怎麼辦？我的第一個反應是責怪上帝。母親是一個非常虔誠的天主教徒，每天早上都會走上一英里的路去教堂，「爲什麼上帝要對這麼虔誠、有愛心的人這樣做？」「也許神弄錯了。」

母親中風兩年後，我搬到洛杉磯去開創事業。開始的時候，我在大使電視臺有份臨時的工作。諾門・李爾是當時製作部門的主管，正在製作如「家庭樂」、「一次一天」、「山福父子」等電視上的熱門大戲。當我聽到諾門・李爾及其他人成立的非營利組織——「People for the American Way」在洛杉磯的辦事處有一個職位出缺時，我立刻提出申請。

我那時非常想進入電視界擔任編劇的工作，我以爲爭取這份職務能使我向夢想邁進一步。哪知我想錯了。我一點也不知道這個工作和電視製作無關。作爲組織代表的助理，我的工作是收信、記錄捐款、準備活動等等。就像大多數的助理，我每天奔波於郵局和銀行之間，還要負責買午餐給其他人。不過我還蠻喜歡我的工作，如今回想當時，我瞭解到它教了我一門無價的功課。剛開始上班的時候，我對這個組織一無所知，我每天拆閱並分發郵件，我慢慢的知道這個組織成立的目的是對抗無知及偏見。我讀著寄到辦事處的信件，瞭解到這個社會有許多心懷恨意的人利用宗教來滿足他們特定的目的。上百萬封寄給一般民眾的信件裡會附有可怕的宣傳單：內容是詛咒並怒罵墮胎是謀殺、打擊同性戀爲魔鬼的行爲，還有要求公立學校一定要讀聖經等等。對我而言，這簡直是將法西斯硬說爲美國主義。我支持這個組織對抗偏見的努力，我也就更喜歡這份工作。

在這裡工作的期間，我常常會想到東部的老家。我離開家已經有一段時日了，但內心卻爲了是否要繼續留在洛杉磯，努力作個電視編劇，還是拋下一切，回紐約找份工作而不斷煎熬著。每當侄兒、侄女過生日時，我一想到他們漸漸長大，而我這個叔叔卻不在身邊，我就覺得難過。「他們看到我時，還認得出他們的傑米叔叔嗎？」我只有在每年一度回家團聚的耶誕節才會見到所有的親戚。我沒有一天不想念我的家人，尤其母親又重病，我內心的那份掙扎就更深。直至今天，我還會常常想：如果我住在東部，或許我可以做些什麼來救她。

在我搬到加州的兩年後，那年的耶誕節團聚是我最後一次看到母親。當時我們已經把她送到紐約最好的護理照顧中心。吃完了耶誕節午餐，我哥哥麥可和父親要送她回護理中心，我因爲要搭當天下午的飛機返回洛杉磯，必須先向母親告別。當我看著她那美麗如海洋般的藍色眼睛時，她也回望著我，努力的試著要告訴我些什麼。我的心很明白她想說的話，我說了聲抱歉就趕緊離開房間。坐在走道上，我忍不住痛哭失聲。當時我就知道這會是我最後一次見到她。我能感受到她的痛苦，知道她帶著萎縮的身體是如何的疲累。她原是那麼有活力的人，突然間不能動了，可想而知她有多挫敗。我知道她已不想再繼續生命。我幾乎記不得那天是怎麼搭飛機回到洛杉磯的，但是我記得從那一天起，我開始請求靈魂世界的協助——幫助她快速、沒有痛苦的離去。我衷心希望靈界能夠聽到我的祈禱，以某種方式幫她。

我這輩子永遠也不會忘記那一天。二月二十八日，星期二。一早，我在一種奇怪和不安的胃痛中醒來。中午十二點半，我接到姐姐琳的電話，我至今都可以聽到那發抖的聲音說著：「傑米，媽媽死了。」我一直以爲我已經準備好面對那一刻了，畢竟，我知道媽媽已準備好，而我也一直爲她禱告，請求靈魂世界在那一刻來臨時，減緩她的痛苦。然而，當我聽到「死」這個字，我的反應是我從沒料想到的：我完全被嚇到了。我對經理喃喃地說了些話，她用手臂環繞我，安慰著我。我在茫然中離開了辦事處，我仍然不知當時是怎麼走到了五個街口外的天主教堂。我爲母親點了一根蠟燭，祈禱她平順過渡到另一個世界。之後，我失魂的回到家，拿了行李，飛往紐約。

在喪禮上，我的悲痛難以掩飾。我聽著神父站在臺上悼念著她，我的心卻在想：「他一定是在說別人。她怎麼可能走了呢？」那一整天的記憶都是模糊的；我不記得自己是怎麼從一處走到另一處，不記得曾經和什麼人講過話，甚至做了哪些事。身處在人群之中，我卻覺得自己好孤單。我怎麼也不能相信母親已經不在我們之間，說著笑話，讓大家開懷大笑，還不忘對我眨眼睛。那天的一切都好不真實。我不僅處於驚嚇中，我也在否認的狀態裡。

在當時，我才剛剛開始和靈魂世界有些接觸。母親過世四個月後，我的新朋友及老師，靈媒布萊恩·赫斯特（Brian Hurst），問我要不要和在「另一邊」的她說話。雖然我知道她不可能再回來，可是知道母親以另外一種形式活著，對我是很大的鼓舞。知道她從天堂看顧著我，更是溫暖了我的心。

人們常常問我：「你能不能為自己通靈解讀？」答案是不能。我眞的不能。我能夠察覺到自己所愛的人的靈魂出現在房間裡，但是我會因為情感上的執著而影響解讀。我會無法分辨訊息是出於自己的一廂情願，還是情緒反而阻擋了訊息的傳遞。換言之，我難以辨識所接收的是我本身想聽到母親說的話，因此自己說了出來，還是所傳來的訊息確實是她告訴我的。

那天，我和當時正來探望我的父親一起到布萊恩的住處。我們等不及降靈會馬上開始。我焦急的坐著，期待聽到我的母親經由一個完全不認識她的靈媒向我們說話。布萊恩閉上眼睛，念了一段禱文，隨即開始了降靈會。

「有個靈魂在這裡。」他說。但來的不是我的母親，而是我父親的母親。布萊恩對父親說出祖母曾經住過的街道，以及她以前常常乘坐地鐵上班的事實。然後，他忽然叫道：

「琴，我聽到一位女士說琴來了。」

是媽媽！我好興奮，差點無法呼吸。這種感覺很難形容，有一部分的我無法相信，而其餘部份的我卻狂喜無比。

「她和她的姐妹們瑪麗及貝蒂一起來了。」布萊恩說。

「對，她們是媽媽的姐妹。」我回答。我好高興，我的母親來了，我們全都清楚地感覺到她的出現。父親完全傻掉了。

「傑米，她叫你傑米。」布萊恩接著說。

「是的，我知道。」我說。

「你母親的笑聲很好聽，每個人都對那個笑聲很熟悉。她讓『另一邊』的很多人都笑得好開心。」

我簡直不敢相信他說的話。是的，就是這位女士對所有的事都能開玩笑，她能使人們笑個不停。

布萊恩開始哭了起來，但他說他沒事。「你的母親感謝你爲她禱告，詹姆斯。她說你的禱告對她幫助很大，她要你知道，她現在能走也能說話了。她很有趣……她告訴我她簡直不能閉上嘴巴！」

太棒了！知道她完好無恙，是我認識及鍾愛的她，我覺得我鬆了一口氣。

布萊恩安靜了一會兒，「琴告訴我她遇到一位神父，一位她早年認識的天主教神父。名字叫詹姆斯・萊利。」

我的父親簡直不敢相信，這個消息對他太震撼了，他叫道：「那是我剛認識她的時候，她所認識的老神父！天啊，這太神奇了！」

通靈持續著，布萊恩正確而仔細的敘述我父母的生活。最後，布萊恩面無表情、直直地盯著我說出到現在我都牢牢記得的話。

「詹姆斯，你的母親要我告訴你：有一天，你會變得非常有名，而且你會幫助很多人。」

我當時不知道該怎麼去想這段話。我以為她的意思是我會變成一個像諾門・李爾般知名的電視編劇，也或許是透過一個類似他設立的機構幫助人們。當時的我並不知道她指的是我會成為一個幫助他人的靈媒。

「你的母親要你知道她會是指導你的靈魂之一。」

布萊恩這句話令我很感安慰。

他繼續說：「她要我告訴你，她仍舊是你的保護者，永遠都會是。」

我內心的感受難以形容，就像有人溫柔的輕拍了我的心。不必再多說什麼了，我知道我的母親永遠會在我身邊。

個人的過程

沒有人對於父母的死亡是準備好了的。我們可能會以爲自己準備好了，但事實不是如此。我在母親去世時所經歷的心境，其實相當常見。經過麻木和否認後，我開始責怪上帝，因爲這都是「祂」的錯。然而，當我重新回顧這一切，我發現母親的過世對我是一個很好的學習機會；我認知到肉體的結束並不是生命的結束。對於她的離去，我所感受到的哀傷非常眞實，在情緒上也很折磨傷神，但我一天天、一點點地找回自己的力量。隨著時間過去，痛苦慢慢消褪，我的傷也開始療癒。

哀傷的過程沒有規則可循，因爲每一個人處理失去的方式都不同。不過，有句話這麼說的：「當一扇門關上，另外一扇門開啓了。」如果我們能以關門的方式來看待死亡，那麼，知道另一扇門即將開啓，或許會帶給我們一些安慰。

我雖然每天都和靈界溝通，但直到今天，對於通靈時靈魂所說的話，或因爲通往靈界的門被開啓而改變了許多人的生命的事實，我仍會訝異不已。人們對死亡的懼怕消失了，生命從此有了全新的意義。雖然不是大多數的人都有機會和靈媒共處一室，或是有能力直接看到或聽到靈魂的世界，我們每一個人都能夠意識到自己的靈性。我們可以透過祈禱或靜坐的方式向自己的靈性面開放。要記得靈性是我們與生俱來的權利；它是我們的由來與依歸。這麼說你可能很難理解，但我們其實是住在身體裡，活在物質世界裡的靈魂。一旦我們體認到自己的靈性身份，我們會發現四周有個偉大及神聖的支援系統。

哀傷是一個成長、瞭解，以及探索自我的偉大機會。眼淚能潔淨我們的靈魂之窗。有時候，我們認爲自己的心已經破碎，再也無法縫合。或許我們可以這麼想：因爲破碎，才能迎進更多來自內在的光。死亡的課題不是責怪，不是愧疚，也不是憤怒——是愛。關上一扇門，另一扇門才能開啓。我們可以運用哀傷作爲靈性的工具，在其中尋找我們生活的意義、喜悅和創造力。

我在這一章附上了幾個實例。雖然生命中親愛的人去世了，但他們卻讓自己活得更有意義、更有生氣。我總是對那些從哀傷中找到勇氣、信心和力量的人敬佩不已。承受的是如此的椎心之痛，但透過這樣的境遇，他們對人生反而有更清晰的瞭解，活得更精彩。這是多麼偉大啊！

傷痛會痊癒嗎？這完全看個人。有時候，傷痛激勵我們成長，因而我們不被它所奴隸。我曾經要求自己將死亡看成是通往更高層生命的門戶，我希望你們也能如此，但這是你們自己要做的決定。如果我一直沉溺在失去母親的哀痛中，我可能永遠也不會去探索靈性的層面，我也就不能幫助許多痛失所愛的人——幫助他們療癒自己的傷痛。天堂對每一個人開放。就像有位偉大的老師曾經說過：「只要敲門，門就為你而開。」

佩姬的母親

以下的通靈個案，曾經是令我感到最不安的一件。個案的內心有許多自我憎恨、憤怒和愧疚的情緒，還有苦澀。我最初並不想把它放在書裡，因為我認為這是負面的例子，但是當事人要求我附上，她認為這是她自我成長和療癒的轉捩點，她覺得她的故事可以幫助有類似經歷的人，我同意了她的看法。

我是在工作坊認識佩姬的，她在朋友娜坦麗的說服下參加了我辦的活動。當天進行到一半的時候，我看見人群中有個白髮的女性靈體站在一位身材壯碩的女人身後。那位女性靈體的頭髮有點亂，雙手放在那個女人的肩膀上，不斷搖著頭。

我無法不注意到那位坐著的女性來賓，於是我問她：「我可不可以為你傳遞一些從靈界來的訊息？」

她吃驚的看著我說：「我？你在跟我講話？」

我點點頭。她的朋友鼓勵她站起來。請記得，在那天之前，我完全不認識這位女士，對她毫無所知。只見她小心翼翼的站了起來，頭低低的看著地面。這時那個原本站在她身後的靈體移到她的旁邊，瞪著我看。我覺得我好像做錯了什麼。

「有個女人站在你旁邊，她大約五呎七吋高。她的白髮全部往後梳。她戴著一副眼鏡，眼鏡鍊套在她的脖子上。她站在你的右邊，我認爲她是你的母親或是你母親那邊的家人。你知道我在說什麼嗎？」

這個女人慢慢把頭抬起來，用很輕的聲音說：「是的，我想我知道。」

我一邊請她將麥克風靠近嘴，一邊等待接收那位站在她身旁，看起來很嚴厲的靈魂對我發出的訊息與影像。

「阿娣或阿得萊娣這個名字對你有意義嗎？」

「是的，是我母親的名字。」

「你媽媽很愛尖叫，對不對？她現在就在我耳邊叫呢！我告訴她我聽得見，請她不要那麼大聲。你是老師嗎？」我問。

她羞怯地回答：「是的。」

「你的母親也是老師嗎？」

「是的。不過她是兼職。她很希望我做全職老師。」

「請原諒我說話很直，你的母親對我很粗魯。她老是這樣，要別人都聽她的。對不對？」我看看這個女士，知道她完全明白我在說什麼。

接著，我開始在心裡看到很多令人吃驚的影像。我看到佩姬在小時候被打，我馬上明白了這是什麼樣的案例，因此我請她在會後私下和我談。

當我接受採訪時，常常有人會問：「為什麼來自地獄的靈魂不會在通靈時出現？」這類問題通常是以聖經的詮釋為依據，認為地獄是一個永恆受到詛咒且實際存在的地方。我發現這種對地獄的解釋是為了用恐懼來控制人心，而這種恐懼已經深深地烙印在我們的潛意識裡。以我作為一個靈媒的經驗來說，地獄並不是一個確切的地方，而是一種意識的狀態。在此意識狀態的靈魂，不斷的被自己在世時虐待他人的情景折磨，他們感受到受害者的傷痛。在世時傷人的程度越深，他越是被這種如地獄折磨般的意識狀態所盤據。類似狀態的靈魂在靈界互相吸引聚集，聚集之處稱為地獄並不為過。

我能感覺到佩姬的母親仍保有她在世時的主控心態，即使是在生命彼岸，她還是想控制她的女兒。

會後和佩姬見面時，我延續之前的通靈。

「你的母親說你很無知，你很笨。」我告訴她。

佩姬淚眼汪汪的看著我：「她總是說我笨。她很聰明。她說我是遺傳了父親家的人。」

我的心爲這個可憐的女人感傷，她不明白自己的價值。

「你的母親在講一個桶子，裡面裝著水。我看到三點鐘。現在她提到毛巾。」我不懂這些是什麼意思。但是由佩姬發紅的臉看來，她是懂的。

「她不斷說你沒做對。她提到晚餐燒焦的事。她怪你把晚餐燒焦了。是不是這樣？」

佩姬抿著嘴，兩眼看著地面，不斷點頭。

「她還提到書，她越說越大聲。『你總是做不好，書沒整理好。』她說。」

此時佩姬的下巴開始顫動，淚流滿面，她想說些什麼，但是沒能說出口。我等了一會兒，正準備再說話的時候，忽然佩姬大聲哭叫起來。

「去她的……她怎麼能這樣？我盡力了，但是我永遠做得不夠好。我詛咒你，媽媽！」

佩姬仰頭對著天花板，繼續說道：「你怎麼能離開我？你要什麼我都做了，我帶你看醫生，我為你清潔身體，我打掃屋子。我到底做錯了什麼？」

佩姬對她的母親越來越氣憤。很明顯的，她長久以來一直壓抑她的感受。在我通靈時，我很少遇到情緒這麼激烈及無常的情況。但是我知道佩姬必須把情緒發洩出來，所以我鼓勵並提醒她：表達感受是健康的做法。

幾分鐘之後，她像是精疲力竭了。我擁抱她，對她說：「沒事了，結束了，你不須再面對了。現在是向你母親的可怕記憶道別的時候了。你是你自己的主人，你不需要從他人的觀點來評價自己。」

我陪佩姬坐了一段時間，談論她剛才的經歷。她說我所傳遞的一切，讓她回想起那段和母親在一起的可怕日子。

「我是個乖女兒，媽媽怎麼說，我就怎麼做。我七歲的時候，爸爸離開了我們。我一直認為是我的不對。從此媽媽要什麼，我都言聽計從。媽媽不喜歡離開家，但是她不得不偶爾外出工作。她總是對我說她做得多辛苦，我覺得好愧疚，因為她是為了養育我而不得不工作的。每天下午三點鐘，我必須給她洗澡，如果我遲了一分鐘，她就發火。她也叫我做飯，因為她要躺下休息，然後她會罵我故意把飯燒焦。我記得我曾經想學踢踏舞，但她不肯，她怕我扭傷足踝，這樣我就不能作家務了。」

佩姬沒有結婚，「媽媽總說男人都不可靠，她從沒有原諒我父親的離開。」

佩姬的媽媽一年前因心臟病過世。佩姬一直沒有容許自己去眞正感受和表達母親死亡的哀傷。她像是變成一個機器人，做著母親設定她所做的一切。她將所有傷害、憤怒和怨恨的感受，埋葬在心底深處。

佩姬曾問過她的母親：「你爲什麼不愛我？」

她的母親回答：「因爲你爸爸愛你比愛我多。」

我隨後邀請佩姬的朋友娜坦麗加入，我們三個人討論了佩姬的未來，以及她可能的選擇。我建議佩姬可以用寫信或寫日記的方式，記下她的想法與感受，繼續與她母親對話。要將感受和批判釋放完全，需要一段時間，尤其當可怕的記憶引發痛苦的感受時。

當我們和佩姬一樣，太過與父親或母親一方認同，我們的自我認同感會相當程度的低落。我們像是被程式化地去討好他人，不顧自己眞正的感受，因而導致自我尊重及自我價值感的不足。佩姬的案例讓我們瞭解到，即便父母不是充滿愛心與仁慈的人，我們仍可能對他們有很深的執著，畢竟，我們熟悉他們的行爲，而熟悉令人有種舒適與安全感。家庭間的動能從關愛、滋養到殘酷、冷淡，各式各樣的對待與互動方式都有。我們的父母以他們本身所受到的對待方式來教導我們，如果他們是在負面的教育下成長，這種模式將會一代延續一代，直到有人認出這是一種惡性循環，進而改變、打破它爲止。面對喪親之痛已經很辛苦了，要在此時打破這種負面的惡性循環模式，更是難上加難。

在我們能改變生活之前，我們必須先認出不健康的互動模式。然而想改變的欲望也會令我們感覺混亂和困惑，因爲我們不再知道該如何舉止。如果我們的童年像佩姬那樣充滿了虐待，我們會感到寂寞、被遺棄、憎惡、怨恨，而這些都會在我們的身心及情緒中顯露出來。然而，透過我們所受的痛苦，我們對自己有了新的瞭解，認識到自己是具有自身喜好惡憎及價値觀的獨特個體。就如佩姬有她要學習的地方，許多人可能也必須重新思考，爲自己的人生重新定位。我發現哀傷的過程對於決心朝正面改變的人尤其困難，因爲他們必須替自己創造不同的形象；他們必須重新出發，學習以一種不熟悉的方式行動和反應。

五十二歲的佩姬，內心累積了許多傷痛，我知道她需要進一步的協助，因此建議她去看一位我認爲適合的心理治療師。爲佩姬通靈，知道她曾遭到精神虐待，我的心裡並不好受，但這卻是一次非常必要而且有意義的通靈經驗。

我陪這兩位朋友走到講堂的大門，分別擁抱她們。佩姬告訴我，她曾向上帝祈求幫助，「我想我的禱告奏效了。」在她轉身離開時，她這麼說。

哀傷沒有時間表，哀傷所需的時間以我們自己的感受爲主，不必依照他人的設定。如果想要拿回人生的主控權，在父親或母親過世後，我們必須做的第一步便是向他／她道別。這一點是我一直強調的。在道別的時候，我們要用愛和寬恕，而不是怨恨及憤怒；我們必須誠實的看待發生的事，確實的認知事實。如果有憤怒，我們必須先將它宣洩，然後我們才能寬恕。寬恕是踏向療癒之路的第一步。

最新情況

我爲佩姬進行的通靈大約是在七年前。我很高興的告訴諸位，通靈後，佩姬便固定見心理治療師；她也開始學習靜坐及按摩療法作爲哀傷治療的一部分。這些年間，她售出了母親的房子，與結婚兩年的先生搬到拉斯維加斯。她現在是代課老師、兼職的房地產經紀人和靈氣治療師。她每週也一定記得空下一兩晚的時間去上踢踏舞的課，完成她年輕時學舞的心願。

我最好的朋友

不論一個人對人生有多深的領悟，不管他經歷過身邊多少親友的死亡，因父親或母親去世而造成的那種強烈失落感，從不會眞的釋然。有太多觸景傷情的事物、歌曲、生日、愛吃的菜，還有特殊的地方都會令我們想起父母。那些共處的記憶無可磨滅地深印在我們心底。常常，別人會告訴我們不要再沉溺在摯愛的人逝去的悲情裡，我們也會因爲思念太深，懷疑自己是不是有哪裡不對勁。想念父／母，憶起共處的時光，這都是很正常的。當思念浮現，我們可以用這些美好回憶來感謝他（們）曾帶給我們的歡樂——媽媽是怎麼唱那首歌的，或是父親是多麼喜歡那次的聚餐，某回大夥是怎麼笑成一團的。

下一個通靈個案讓我想起我對母親的思念。溫蒂和她父親的關係很親近，有一次她告訴我，「他眞是我最好的朋友。我們一起工作，一起旅行，一起享受生命。」當溫蒂的父親去世後，她的生命突然間停頓了，所有的歡笑及樂趣不再。

溫蒂的朋友督促她打電話給我，預約時間見面。她告訴我，「生命沒有意義了，我覺得好迷失，好寂寞。」溫蒂對於來見我抱持懷疑的態度，但她又非常急切地想知道她的父親是否仍在她身邊。爲了知道父親過得好不好，溫蒂才勉強前來。她是這麼說的：「我記得在敲你門的時候，我還在想著自己有多蠢。『我來這裡做什麼？這個傢伙怎麼可能有辦法和已死的人溝通？』」

溫蒂一見到我，便開始從包包裡拿出她父親的照片和紀念物給我看。我立刻搖手制止她，並說：「不要給我看，也不要告訴我任何事。讓我來告訴你。」我短短的禱告了一會兒後，開始了這次的通靈。

「這裡有位男士，他非常非常愛你。他站在你的左邊，所以我相信他是你的父親。他很高興你今天來到我這裡。他說他過得不錯，以前他並不知道生命可以這樣存在。」

聽到這個訊息，溫蒂似乎鬆了一口氣。

「他讓我看一個陽臺。我看到他坐在外面的陽臺上，有兩隻狗在他身邊。」

溫蒂附和著說：「是的，沒錯，我們每天早上都會坐在陽臺上喝咖啡。」

我看得出來溫蒂開始相信她確是和她的父親溝通。

「你的父親讓我看到一個書架，整面牆的那種。他告訴我他很喜歡，說它很合適那個房間。」

「我上個禮拜才剛剛裝了一個書架在我的臥房裡。」溫蒂叫道。

「現在我看到一位女士。她四周的光有點暗，我相信她有某種腫瘤。他說那是你的母親。」

溫蒂點點頭，「沒錯，我母親最近才被診斷出患有癌症。」

「你父親要我確切的告訴你，她會沒事的，他說不要擔心她。他告訴我：『她是個戰士，她會打敗癌症的。』」

「另外還有一個人和你的父親在一起，他正唱著歌。」然後我開始把聽到的旋律哼出來。

溫蒂向後一靠，眼睛驚訝得瞪得好大。

「你認不認識一個叫彼得的人？他和你的父親在一起，就是他在唱歌給你父親聽。」

我哼著一首和里約有關的歌。我問：「彼得和里約熱內盧有什麼關係？」

溫蒂幾乎從椅子上跳起來，「就是他，彼得・艾倫，那個作曲家。他曾經寫過一首暢銷曲『當我的寶貝到里約』。我父親和他是好朋友。」

「彼得說他是第一個在那邊迎接你父親的人。他們兩個常常作伴，就像以前一樣。」

「我眞高興聽到這件事！」溫蒂叫著說。

我繼續接收溫蒂父親傳來的訊息，告訴溫蒂對他們父女意義重大的事。

「你的父親對你有好多好多的愛。他說他很愛你，會永遠和你在一起。如果你想和他說話，他隨時會在你身邊，你永遠也不會孤單。」

聽到這裡，溫蒂的眼睛閃爍著淚光。

最後，我一貫的感謝靈界的協助與指導，結束了這次的通靈。

這次的過程幫助溫蒂對死亡有了新的瞭解。死亡並不會中斷她和父親，也是她最好的朋友之間的連繫。離開我辦公室的時候，她神采奕奕，像是另一個人。這位迷失小女孩的人生有了第二次機會。

最新情況

我約在五年前爲溫蒂進行通靈，目前的她已經重新掌握人生。她開始了自己的事業，業務不斷擴大中。她告訴我她經常旅遊世界各地。她也提到她母親和癌症這一回合的戰爭已經勝利，正在康復的路上。

上次我們通電話的時候，她說：「詹姆斯，你改變了我的生命。我不只懷有對父親深刻的記憶，我還擁有他教導給我的那些美好知識。他啓發我要活得豐富、活得超出自己的想像，要懷著一顆歡樂的心活出夢想。更重要的是，他教導我：家人和朋友的可貴。從他身上，我學到了如何讓需要我的人依靠，並帶給身邊的人快樂。他給我的建議，我都會永遠銘記在心。他所教導的愛，給了我許多喜悅。」

溫蒂將父親的過世轉換爲以新觀點看待生命的機會。她說：「現在我瞭解，我從來沒有失去過父親，只是我們關係的形式改變了。我能感受到父親在我心裡和靈魂深處，他現在時刻與我一起。我非常感激你引領我重回人生的道路。現在我知道天堂的確存在。我的父親在那裡，而有一天，我們將再聚首。」

再見，祖母

祖字輩的人很特殊，他們大都是孫子們永遠的啦啦隊員。他們不像父母，眼裡所見是我們的短處和古靈精怪的花招，反而，他們擅於從另個角度詮釋，認爲我們是既聰明又天眞無邪。祖父母們向來以寵孩子著稱，他們慷慨的用溺愛和注意力照護我們，也常常給我們好吃的東西和禮物。我們相信他們之所以如此，是因爲在一天結束時，他們可以親吻我們道別，隨即走人。這是眞的，他們不像父母要時時耗費心力來照顧孩子，因此他們在跟我們相處時，確實有更多的包容力及耐心。我也相信，祖父母們累積了多年的人生智慧，他們因此明白，唯有愛才是重要的。

有很多人從來沒有機會親身感受到這種溫暖的愛與仁慈。他們的祖父母早已去世，他們聽到的是父母或姑姑、叔叔重複講述的往事；對祖父母的瞭解，也是透過相簿裡泛黃的照片。他們的記憶裡沒有祖父的笑話，也沒有祖母溫暖的擁抱。

對於曾經有過或現在仍有祖父母在身邊的幸運兒，我們的心中永遠爲他們保留特別的位置；他們永遠是最棒的。在我的客戶裡，有很多人的祖父母是他們的法定監護人。在這類由祖父母撫養孫子的情況，通常孩子得到的是雙倍的照顧與關愛。這些祖父母因爲孩子的父親或母親不在了，他們覺得必須加倍補償孩子。因此當祖父母過世時，這個孩子會特別哀傷。

我出生的時候，祖父母中有三位已經去世，我無緣得見他們。只有父親的母親依然健在——我的祖母，依索兒·波羅斯·范普拉女士。我對她的第一個記憶是她住在紐約市傑克森高地七十四街的一間一房一廳的公寓裡。父親有時會送我去祖母家過週末。就這樣，她和我成了最好的朋友。

在她住的街尾，有一個7號線的地鐵站。當時我大概五、六歲，祖母會牽著我的手，帶我走上月臺，看著火車進出車站。我記得我好興奮，隨著火車進站時的鳴笛聲大喊大叫。

由於祖母的公寓座落在主要的街道，總是有許多行人往來穿梭於街上的店面和地鐵站之間。下午是我們一天中最好的時光。祖母來自英國，她一直都保持享用下午茶的習慣。一到四點，她會停下手邊所有事情，用茶壺煮茶來喝。那些日子對我而言眞是十分特別，我會一邊看著祖母喝茶，一邊品嚐自己的熱巧克力。等我們喝完，祖母會坐到她那張放在客廳窗邊的木頭椅子，我會爬到她的膝上，兩個人一起看著窗外的世界。我們甚至會向過路的人揮手，編織著他們打哪兒來，又往哪兒去的故事。有時行人看見我們在看他們，也會走上前和我們說話。這樣的時刻眞的很有趣。就是在那張窗前的椅子上，形成了我對人生的初步看法。

祖母很喜歡告訴我她在英國鄉間長大的故事。她很喜歡旅行，與各類的人接觸。她常常說：「旅行是你能得到的最好的教育。」我總是聽著她說話，並且想像在她生動描述下的遙遠地方的景色。我也記得是祖母教導我要幫助他人。以下的例子或許微不足道，卻一直在我記憶深處。祖母的碗櫃，放了一個滿是零錢的杯子。我問她爲什麼，她告訴我：「當我從窗戶向外看的時候，看到那些停好車卻沒有零錢投計時器的人，我就會給他們這些零錢。」

有天晚上，父親去曼哈頓之前先把我送到祖母的公寓。那晚是祖母留給我的美好回憶之一。門一開，我就看見在她那張高高的木椅子旁邊，放著一張給我的小木椅，她說：「你需要一把你自己的椅子。現在，當我們看向窗外的時候，你可以有更好的視野。」我們在那兩把椅子上渡過了許多時光。她會編故事給我聽，透過她的眼睛，我認識了這個世界。直到今天，我仍保有那張小木椅，我把它放在家中的窗邊。

祖母去世的時候，我十四歲。她走了，我的童年也結束了。我永遠也忘不了那個寒冷的星期天早晨，母親走進房間，「祖母昨晚在睡夢中走了。」剛開始的時候，我怎麼也不敢相信這個事實。我完全的震驚。一整天我都獨自一人，沒和任何人說話，因爲我不認爲有人能夠懂得祖母和我之間的那種情感上的連繫。我覺得好難過、好孤單，我不知道該怎麼辦。因此，我決定寫封信給她。

葬禮那天，我坐著父親的車到了墓園。站在祖母的墓前，我含著淚，讀給她我寫的信。那封信像是我給她的最後道別的擁抱和親吻。

親愛的祖母：

我不敢相信您已經不在這裡再握著我的手、替我擦臉、一起吃蘋果派、棒棒棒糖、果凍和三明治了。謝謝您一直照顧我。我會想念我們在公園裡的時光，沒有人比得上您推的鞦韆，因爲您總是知道我想盪多高。任何事情您都做得恰到好處。我會試著做個大男孩，不哭，因爲我知道您不會想看到我的眼淚，您會希望我勇敢。晚上睡覺的時候，我會想念我們坐在窗前的時光，還有那些您告訴我住在英國的故事。我也會想像我們仍在一起放風箏，還有看著火車進出車站。我希望您現在在那邊很開心。有一天，我們會在天堂快樂的相聚。

愛您的　傑米

我記得那天當我唸著這封信時，曾感到一陣微風吹過我的右邊。我立刻抬起頭，看著爸爸，告訴他：「祖母很好，她就在附近。」祖母是第一個讓我知道愛不會死，我們也不會死的人。直到今天，我還是常常想起那些坐在窗邊的日子；我對她的想念依舊。

手足

如果你這生有幸有兄弟或姐妹，你就會知道，因爲他們，生命多了許多挑戰和成長的機會，我們也因此對人生有了不同的見解。他們不僅幫助我們認識自己正面和負面的特質，還提醒了我們在家庭互動中的角色。雖然我們是同一個家庭的成員，我們的兄弟姐妹都各有其獨特的信念以及要學習的功課。我們可以是最好的朋友，也可以是最壞的敵人。當生命遇到崎嶇波折，沒有人比得上他們更能同情我們的難處，或是更瞭解我們的滄桑。他們通常是給我們最好建議的人。由於手足對我們的影響比大多數人都來得深，我們對他們的期望也可能更多。常常，我們的期望超過了現實。

當兄弟或姐妹去世的時候，我們可能會覺得像是失去了最好的朋友，當然這要看我們和他的關係如何。我們可能會覺得曾與這麼瞭解我們的人所共處的歡笑及親密時光結束得太快、太匆促。沒有了兄弟或姐妹，只剩自己活著的想法，除了讓我們覺得不安之外，還可能令我們害怕。即使我們不是那麼親近，在另一個層面上來說，我們總是會覺得有一部分的自己亦隨之而去。

就靈性的觀點而言，他們之所以和你在同一個家庭有幾個理由。首先，你們屬於同一個「靈魂團體」，你的家庭成員是那些和你有多生接觸的靈魂。在許多世裡，你們可能曾扮演家庭裡不同的角色，共同學習許多靈性本質的課程。舉例來說，你的姐妹或兄弟很可能是促發你學習「諒解」的關鍵。每個人都有自我成長和靈性的功課要學，而家庭是最適合的學習場所。這類安排通常是在轉世之間的靈界決定的。在那裡，我們也對自我靈性的成長進行評估，並且決定需要學習的課題。我們和這些所謂的家庭成員的靈魂，在一個設定好的家庭環境裡共同成長，以便有所需的機會克服恐懼與偏見，並且平衡自我。

第二，你和你的家人可能經歷過共同的前世，必須在今生平衡前一世的業／因果。你可以把業想成是一筆必須償還的債，但業不一定都是負面的，它也可以是善業。我們和家庭的其他成員因此再回到人間，進入家庭中特定的角色，爲的就是體驗所需的歷程或是平衡業債。我常常將此形容爲一起回到人間上課。如果你的手足在你們雙方都還沒有學到靈性功課前就離去，那麼他的死亡可能帶來很大的痛苦。在下意識的層面，你可能感覺到你們沒有好好把握機會，覺得痛失良機。然而，再次地，你必須瞭解，你們仍將在一起，共同經歷任何錯過的學習機會或是成長的新可能。

雖然他們已不在塵世，抵達靈界的手足或家庭的其他成員對你的靈性成長會相當關切。通常他們會指導你，儘可能幫助你順利走完人間這個學校。家庭成員的靈魂通常都有特殊的緣分，你們之間的愛和瞭解穿越過時間和經驗的長河。想一想，這點可是非常特別的。

療癒指南

* 允許自己走完哀傷的全程。
* 和兄弟／姐妹談談失去父親或母親的痛苦。每個人都會以他自己獨特的方式來面對失親之痛。每個人的哀傷狀況都不同，因此不要期望家庭其他成員以你的方式哀傷。最重要的是，不要相互責怪，或是把自己的罪惡感投射在他人身上，怪罪他們做了什麼，或沒有做什麼。這是家人間療傷，而不是再添創痕的時候。
* 回顧你和往生者的關係。你從他或她身上學到了什麼？他／她如何讓你的人生變得不同？父母、祖父母、姐妹、兄弟或其他親戚，曾讓你感到驕傲嗎？將你所愛的人的正面特質一一列出。
* 如果你和某位家人有未了的疙瘩，寫封信給他／她，說出你的感受。你甚至可以大

聲說出口。一旦你願意釋放負面的感受，你就挪出了空間讓愛進入，並讓愛在你的心裡成長。

*如果父親或母親離世前，你和他／她住在一起，那種失去的痛會特別難熬。請明白你是一個獨立的個體，你不是你的父／母。你必須重視自己的生命，活出你要的人生。你不必再照你父親或母親的方式生活。

*如果父母有什麼過失，原諒他們。他們用所知的知識和經驗盡力了。人們總是以熟悉的方式行事，如果他們不曾表達愛和熱情，原諒他們。釋放他們，你才能開始用不同以往的方式表示你的感受。

*如果只剩父或母在世，經常陪伴他／她。必要的話，向他／她解釋死亡並不是他／她的錯。一起說說話，幫助父親或母親表達感受；和他／她一起整理遺物，雖然睹物思人，但分享美好的記憶有助療癒過程。

*請瞭解你不會和父／母在同樣的年齡死去，你也不必然會患同樣的病。你是走在自己獨特靈魂道路上的個體。

*請瞭解這不是世界末日，而死亡是一個自然的過程。如果所有的方法都不奏效，那麼試上幾次吸氣、吐氣，這能幫助你靜下心來。

＊對父母表示感謝，感謝他們給了你生命。謝謝你的兄弟或姐妹，因爲他們和你分享了家庭生活。你可以透過捐助慈善機構來紀念逝去的家人，或是種一棵樹、寫一首詩、畫一幅畫，以其他的藝術形式表達你對他的回憶。

第四章　生命伴侶

回到一個無人守候的家，對於剛失去配偶，仍處於哀傷狀態的人來說，可能是最難面對及忍受的事了。生命的伴侶過世，感覺就像整個世界都崩塌成了碎片。最初，你感到麻木，覺得自己活在陌生的國度，旁人說的是你聽不懂的話。你覺得人生頓時失了秩序；你像是在做一場怎麼也醒不來的噩夢。你像個遊魂似的飄蕩，但是排山倒海般的悲哀總又把你帶回現實。你心愛的人走了，你感歎人生的無常及生命的脆弱。早上再也沒有人喚你起床，鼓勵你面對新的一天；晚上也沒有人關心你該去睡了。事實上，你無法面對一個人的夜晚，很怕孤單單的一個人上床。這些全都是正常的哀傷過程。

失去伴侶，在某方面來說，也就是失去了部分的自己。你們曾經互相依賴、同甘共苦。現在，在你最需要他的時候，你卻是孤單一人。你們一起規劃、建立的生活，已然變得虛空、毫無意義。「如果沒人一起分享，這一切又有什麼用？」你這麼想。不論你們在一起是短短幾個月或幾十年，一段珍貴的人生就這麼被拿走。失去了心愛的人，你像是不可能再和這個世界有任何關聯。

當我母親過世的時候，這些寫照變得眞實無比。我的父母有著四十年愉快的婚姻。回顧他們的相處，我記得我的兄姐和我常常取笑他們有如電視劇「我們這一家」裡的夫妻；互相揶揄是他們彼此溝通的方式。我父親從不會對母親表現出他熱情洋溢的樣子，然而在他們相互的嬉笑戲謔間，我們可以感受到有一股愛的流動。就像劇裡的邦克夫妻一樣，他們已經建立起一套彼此舒適的相處模式了。至於說他們眞是一對理想伴侶嗎？我並不這麼想。在他們的婚姻生活裡，他們可能有多次想分開的念頭，只是環境不容許。以前的夫妻要離婚不像現在這麼容易，一旦結了婚，不論好壞，都是一輩子的事。

母親去世的那天，我的父親變成了一個我不認識的人。他整個人像是被哀傷吞沒，完全的失控與慌亂，一點也不像他平日隨遇而安、處變不驚的個性。家人從來沒有見過他像那天那樣地痛苦不安。

我認爲父親至今對母親的去世一直沒有釋懷，他還是非常想念她。他可以一講他們的初戀故事就是好幾個鐘頭。他經常回憶起那些逝去的美好時光——他們喜歡起舞的歌曲、他們以前常去的地方，還有那些常一起作伴遊玩的朋友們。他常喚她的名字，每天都要盯著母親的照片看上好一陣子，我想他是在等待她的某些回應吧。父親在母親還在世時，從來沒有公開地表示他對她的愛，但自從母親死後，他確實好好地補償了這一點。直到今天，我都很訝異他對母親那種生死不渝的愛。我想，只有等到他和母親在靈魂世界再次相聚的時候，他才會再眞正快樂起來，也只有在那個時候，那個在一九八五年死去的部分才會重生，而那有魅力的笑容才會再回到他的臉上。

尋求情緒上的支持

世界上有許多文化和傳統，提供失去伴侶的人一個健康疏解哀傷感受的管道。那些社會瞭解，仍在世的另一半需要情感的支持，因此在死亡後會有爲期幾周，甚至數月的儀式和習俗來幫助哀者調適。但在我們的國家，失去伴侶幾乎變成了一個在處理上要乾淨俐落的事宜。寡婦或鰥夫立刻要塡寫一張又一張的表格，像是買賣股票似的。配偶並沒有眞正的空檔去哀傷。他必須處理和銀行、醫院、醫生、殯儀館及社會安全局相關的事務。在死亡的短短幾天之內，一切必須回復正軌。這種做法幾乎無法幫助喪親者調適心中的悲痛。

在這個非常時刻，要面對這麼多的混亂，存活的另一半需要有人作爲他的情緒支柱。這個人可以是好朋友、家人或是哀傷支援團體裡的工作人員。我相信這是未亡人應該採取的第一步，有一個支援系統來協助分擔哀傷的沉重是非常重要的。有了支持者的協助，你不必獨自走過哀傷的過程——你們可以談論死亡，討論喪禮的安排，他也可以幫忙你相關文件的塡寫。

尋找支持者的另一個重要原因，在於他可以幫助哀者保持身心的平衡。家人或伴侶死亡的衝擊，會戲劇性的改變一個人的生活方式和每天的例行習慣。從使用洗衣機或洗碗機、買菜、做飯、開車，以至開支票付賬單的例行工作，都會令人感到難以負荷，尤其是那些向來依賴逝者的人。以前很普通的事情，如吃飯、睡覺，都會帶來無法言喻的悲傷和痛苦。熟悉的伴侶不在了，取而代之的是恐懼、寂寞、身體不適、失眠、擔憂和精疲力竭。有些哀傷的配偶落入情緒反覆的深淵，這時候任何事都很容易導致情感的崩潰，因此對於某些危險訊號，必須有所警覺，譬如自殺的念頭。其他如強烈的孤單和絕望感也有必要尋求治療或諮商管道。

我常常會碰到一些難以開口求助的寡婦或鰥夫，他們把求助看成是脆弱的顯示；有些人就是無論如何也不願開口。對於那些習慣及想法已經非常固定的人來說，啓齒求援尤其困難，因爲他們認爲求助就像是承認他們的依賴性，或是要他們放棄對生活的控制權一樣。然而，尋求他人的協助常常是非常有益的事。失去配偶或伴侶的痛苦已經難以承擔了，如果還要加上日常生活的壓力，只是徒然延長受苦的時間罷了。我瞭解在失去摯愛後，讓一個素昧平生的外人進入你的生活圈不是件容易的事，畢竟，他如何能懂得你和伴侶之間的情誼？但請不要因此害怕求援，有許多熱心的人都等著幫助你。

靈魂的進展

生命的經歷寬廣而多樣，對於這一路上的崎嶇與變化，我們只能盡己所能的面對、探索，並瞭解其中的深意。經歷人世的考驗後，在「另一邊」等候我們的將是輕鬆甜美及愉悅的靈魂經驗——這就是生命的本質。不論你相不相信有死後的世界，每個人總會希望明天更美好。我也發現，在看似混亂的人生中，生命其實有其規律性；當我們緊抓恐懼和限制不放，干擾了那個秩序的時候，生命益發的不照我們的期待發展。當我們必須面對配偶死亡這類挑戰時，我們可能根本看不出這事有任何正面的意義。我們只會覺得自己的快樂泉源被斷隔了。然而，一個帶來巨大成長的特殊機會就正在我們的面前。在我們看來是破壞性、令人沮喪的事件，確實可以變成人生的重要轉捩點。不論我們怎麼看待死亡，死亡都不會是生命的終點。

在我的通靈經驗中，即使再不同的個案都有一個共通的主題：我們都是為了靈魂的進展來到世間學習，而最普遍的一門課程就是**愛**。愛有很多形式，與某人共度、分享一生是瞭解和發展愛的面向的方式之一。親密關係可以為兩人帶來許多學習的機會，而這些必要的學習課程常源於前世的業。這些課題都是為了幫助我們靈魂的進展，不論是在個人靈魂或靈魂團體的層面上。

有時候，因為不同的原因，我們無法在這一生完成規劃的課程。在下列的第一個通靈案例裡，個案無法適應生活，也不相信自己的能力。她因為體內化學物質不平衡而情緒失調。她的行為因此改變了她的配偶和孩子的人生。第二個例子的夫妻則是合力完成了他們的因果功課。透過諒解與愛，他們整合了兩人的思想與信念。對他們而言，生命的確是美麗的。當一個人因為另一半的幫助，完成了他或她的人生使命時，他們成就了愛的最高形式。本章的第三個例子，牽涉到生命的另一種功課——完成前世的因果。我們在某個前世所創造出的愛的連繫，讓我們一再聚首，直到我們學會了同意要學的課程為止。

不論親密關係裡的業力爲何，不論我們要從中學些什麼，生者都有一項艱難的課題：沒有了摯愛的人在身邊，如何面對生命中情緒、身體和精神方面的挑戰？

我的保護者

最近爲了第二本書《與天堂聯繫》的出版，我參加了一些電視節目。製作人希望我爲臺上的來賓和觀眾席的幾位觀眾來段現場通靈。我記得那天是我巡迴二十個城市的最後一站，我有些疲憊。製作人知道在現場進行通靈會使節目更有看頭，但是像大多數人一樣，他們完全不知道通靈很費精神，而且靈體多變無常。即使某人極想和已逝的摯愛靈魂接觸，我也不能保證那個靈魂會願意出現在那位充滿期待的人面前。不過，我也知道，經過我的示範，人們對死後的生命會有更多的瞭解，也會因此比較不害怕死亡。

如同我參加的所有電視節目，通靈之前，我對那些人的背景一無所悉。那天，節目進行到一半的時候，我的注意力被一位坐在走道旁的男士吸引，他看起來並不是那種對這類活動非常開放的人。我走向他的時候，他對我友善地笑了一笑。

「哈囉！我是詹姆斯。」我對他說。

「我是羅夫。」他回答。

我向他解釋有一位靈體想和他溝通，然後我禱告了一會兒，把自己的注意力專注在他的能量上。立刻，我感受到一股巨大的哀痛。我注視著這個人的深色眼睛，他的眼裡盡是憂傷。

我開始慢慢地靜心，進入一種接收的狀態，或者，像我喜歡說的，打開通往靈界的門。很快地，我看到兩隻很亮的金戒指出現在羅夫的頭上方。

「我看到兩隻合在一起的金戒指在你的頭上。當我看到這個畫面，它通常代表婚姻。我推測你的太太已經在靈界了。」

就在他來得及回答之前，我看見一位黑頭髮的女人進入視線焦點。通常這種影像的出現就和照相機的聚焦一樣。這位女士站在他的右邊，雙手伸向他的肩膀，看起來她好像哭過。

「你太太在這裡。」我說。

他用力的點點頭。

「她給我孩子的畫面。她很想念孩子。是不是有兩個女孩？」

「是的。」他回答，眼睛開始湧出淚水。

我繼續把注意力用在感知他妻子的靈魂，然後我歎了一口氣。

「你的太太非常悲傷。我也覺得很難過。她的情緒狀態不好，我覺得她還是很消沉。她很抱歉讓你和女兒這麼痛苦。我覺得她剛到靈界不久，可能少於一年吧！」

羅夫聽後點點頭。

「她讓我看到一棵聖誕樹，她告訴我事情和聖誕節有關。你懂不懂是什麼意思？」我問。

「我懂。她是在聖誕節後一天死的。」

我突然感覺嘴裏有金屬的味道。對我而言，這表示有手槍牽涉其中。我知道是她自己用了槍，並不是別人開槍射擊她。我了解到這是自殺，理由有兩個：第一，我感覺她的情緒處在一種不安的狀態；第二，我能感應她擁有這個武器的所有權。接下來，我更看見了整個事件的細節。

我將這些都告訴了羅夫。「她讓我覺得是她對自己開的槍。」

「沒錯。」羅夫低聲說道，並用手擦了擦眼睛。觀眾席傳來歎息聲。

「你的太太告訴我她無法完成她在人間的工作，她說她的心智無法處理她所設定的生命歷程。她沒辦法保持事物的平衡。」

羅夫點點頭。「我知道。我知道她無法處理。我們才一結婚，我就知道了。」

「你太太讓我覺得她有服用藥物，她用藥來平衡情緒的起伏。她是不是經常憂鬱？」我問。

「是的。她吃抗憂鬱的藥。她還看心理醫生。」羅夫回答。

「我想她體內的化學成分不平衡。這是她傳達給我的訊息。」

羅夫同意我說的話。

「她告訴我，你們同意這一生在一起，學習親密和信任。她覺得很抱歉，沒能完成她的承諾。她說你們還會有另外一世。『將會有另一次機會。』她這麼說。她要我告訴你，她正在努力使自己變得好些。」

羅夫很高興聽到這些，他問：「她知道我有多想她嗎？她知道我會永遠愛她嗎？」

過了一會兒，我轉告羅夫他太太的答覆。

「是的，她知道。她告訴我，你們的愛由來已久。她知道在你的心中，她佔有一個特殊的地位。她要我告訴你，你一直是她的保護者，不僅是這一生，過去世也是。她永遠會稱你爲她的保護者。」

現場每個人都被這兩人間的愛的溝通感動，全場一片靜默。

接著，我詳細的解釋了靈魂永遠知道我們的想法和感受。事實上，他們比我們所以爲的還要瞭解，因爲靈魂住在心的世界，他們可以同時接收來自我們和靈魂次元的思想影像。

「你的太太提到有個女兒畫了一幅她的畫。你瞭解我說的嗎？」

「嗯。裘蒂在學校用蠟筆畫了一幅她母親的畫。事實上，她還得了獎，現在這畫掛在冰箱上。」

我直視羅夫的眼睛，然後說：「你太太要你爲孩子們買隻小狗。她一直試著傳遞這個想法給你。」

「我知道。昨天我還和孩子們提到這個，但我不知道——」

他還沒有說完，我就打斷了他。「她告訴我這很重要，因爲能幫助孩子們走出哀傷。他們可以對另一個動物表達愛，並從互動中學會愛。」

羅夫笑了笑，但對這個念頭不怎麼熱衷。這時屋裡的能量開始消散，我知道要再感覺或聽到那位女士的想法會變得越來越困難。不過，她還想傳達最後一個訊息。

「你的太太要告訴你長椅的事。當你晚上看電視的時候，她都和你在一起。你瞭解嗎？她說你再也不用和她搶著轉台了。她仍和你一起在長椅上。」

羅夫的臉亮了起來。「我感覺到她和我一起。以前我們每天晚上總是一起看電視，吵著要看哪個節目，最後我們會達成協議，但她總在我的懷裏睡著。我會用手臂環繞著她，保護她。」

我們互相瞭解地笑了笑，握握手，結束了通靈。

後來，我從羅夫那裡得知他和太太史戴西的故事。羅夫在紐約市的布魯克林區長大，他們在大學相識，約會了幾年後結婚。結婚五年後，他們有了兩個女兒，裘蒂和黛比。羅夫在檢察官辦公室工作，他非常努力，被升遷了幾次，也因此有能力在紐約郊區買了一棟漂亮的房子。這時的他覺得生命眞是再完美不過。他說他和史戴西的生活是典型的美國夢，他們也活躍於女童軍和家長會的活動，一切似乎非常理想，至少羅夫是這麼認爲。

一天下午，他下班回家，發現史戴西在床上睡覺，屋子裡亂糟糟的，孩子們都餓著肚子。羅夫知道有些不對勁。

「那陣子她常常鬧情緒，不過像這種情形倒是第一次。」

史戴西向羅夫解釋這是中年危機。剛開始羅夫沒多想，後來史戴西的情緒浮動更爲頻繁。

一天，羅夫在午餐期間就下班了。「能提早離開辦公室對我是少有的事，我想給史戴西一個驚喜。」

羅夫告訴我他從後門進到屋內，「我注意到太安靜了，有些不對勁。」他說：「我好像聽到地下室傳來一聲呻吟，我打開地下室的門，一步步下著階梯。」

走到底階的時候，他看見房間的角落裡縮著一個人影，「光線從一扇小小的窗戶照進來，我隱約看到史戴西靠在牆上。」

羅夫走近，驚訝的見到史戴西捲曲著身子，「我簡直不敢相信，她的手臂上繞著一條皮帶，還有一個針筒在地上。我跪下去，叫她的名字。」

但是史戴西不省人事，完全沒聽到他的聲音。「她看起來像是在另一個遙遠的世界。我只好對她喊叫，但她還是恍惚醒不過來。」

羅夫說他知道必須馬上求救，因此將她揹上樓，立刻叫了救護車。史戴西被送到醫院，很幸運的及時從毒品過量下救了回來。

那時羅夫才發現史戴西使用海洛因已經超過一年了。

他說：「幫助她情緒穩定的藥對她已經沒有效，她說她覺得情況一天比一天糟。我還以爲她是因爲怕老。」羅夫提到，是史戴西好友的男友讓她開始吸毒。

在史戴西經歷險些致命的毒品過量後，她答應羅夫去戒毒中心。「有一段時間，事情好像恢復了正常。」

然而，羅夫還是覺得有事不對勁。「我無法明確說出是什麼。」他說。但是這種感覺啃噬著他的心。接著，在耶誕節的隔天清晨，所有的事情都結束了。

羅夫在半夜被驚醒。「我聽到一聲槍響。」

凌晨三點半，羅夫發現他的太太倒在廁所的地上。「她朝自己的頭開了一槍。」

最新情況

我爲羅夫進行的通靈約在一年前。從那次以後，我和他曾就他的哀傷過程談了幾次。

「我還是很想念史戴西，但是知道她還活著，以某種方式依舊和我們在一起，這項瞭解確實幫助我許多。」他說。

他還提到他已經能夠和那些認識史戴西，也知道她吸毒的朋友們談論他的感受了。「和知道的朋友談談我這一路的心境，對我的幫助很大。」他告訴我。

羅夫繼續提到，他也鼓勵孩子們對她們的媽媽說話，但是他不用督促這點，「女兒們都瞭解她們的母親是天使，永遠會在她們的身邊照顧她們。」

「我仍然慶祝她的生日。」他說。

羅夫提到他如今瞭解會有這樣的經歷一定有其原因。

他接下來說的話令我有點吃驚。「我已經準備好了，有一天我會有新的感情生活，我會去愛另一個人。要找到一個和史戴西一樣和我契合的人不容易，但是我願意去試。」

羅夫和我都同意這是一個進展的信號。

他說：「史戴西仍和我溝通。有時候我會感覺她就在四周；其他時候，東西會無故從書架上掉下來，我知道是她。」

羅夫也提到他和女兒都夢過史戴西，夢裡的她看起來挺快樂，也較爲平靜。有一次的夢中，史戴西和羅夫一起走到一個小木屋，屋內擺設手工製的傢俱，懸掛著美麗的藝術品。當羅夫從小屋的窗戶向外看時，有一面很眼熟的湖。

他告訴我：「那個夢對我意義重大。」以前他和史戴西總會談到要存錢在湖邊買間小木屋。他覺得史戴西已經在靈界將那間小屋蓋好了。「有一天，我們會愉快的團聚，幸福的享受木屋生活。」

親人自殺

在我的第一本書《與天堂對話》中，有一章專門由靈性的角度談論自殺。在書出版之後，有很多人問我關於他們所愛的人自殺的問題。這些問題中最常見的是自殺的人是否徘徊在煉獄或地獄裡？通常自殺者遺留的親人會覺得愧疚，他們自認如果當時做了些什麼，就可以阻止悲劇的發生。雖然這個想法不盡然正確，但心情是可以理解的。

自殺是一個非常複雜的問題，它發生的原因很多。在我通靈的案例中，靈魂通常會表達他們對自殺的決定非常後悔。許多在這一生自殺的靈魂，在前世也曾自殺，他們這次回到人間爲的就是克服自殺的傾向，但是他們沒能完成設定的目標。他們將再回到人間，被給予另一次機會把這門功課學會。

也有一些靈魂是因爲心理和生理化學物質的不平衡而導致自殺，史戴西就是一個例子。這些靈魂對他們的決定並不完全有意識，當他們抵達靈界後，他們會發現自己在某種醫院裡接受幫助。

也有些靈魂則是太快回到人間。我曾在《與天堂聯繫》這本書裡提到這個說法。這些靈魂在靈界時，對自己在人間要學習的功課並沒有完整的瞭解，他們沒有做好足夠的準備便回到人間，也因此他們發現回來得太快了。這些靈魂知道自己不適應人世的生活與挑戰，他們並沒作好在物質空間再過一生的準備。

當一個人自殺後，他在「另一邊」的靈界要先學習許多功課才能進入較高層次的領域。一旦他明白自己做了什麼，他可以要求協助。指導靈會一直在旁幫助有需要的人。在靈界，每個靈魂決定自己要如何從錯誤中學習並進展。這也是爲什麼我總是告訴人們要持續的爲那些去世的人祈禱；你的禱告不僅撫慰了他們，禱告背後的愛和善意，更能幫助這些靈魂在靈性的道路上向前邁進。

愛沒有界限

人類知道愛的存在，但許多人卻不知道愛是什麼。想想你對自己或別人說：「我愛你」「我愛我的孩子」「我愛我的工作」的那些時候。我想我們都能隨意舉出爲愛付出的例子，證明自己對人或事物的愛有多深。然而，我們能正確的描述「愛」嗎？我們都感受到它，我們都會想到它，我們會把它羅曼蒂克化，我們也都曾經驗過它。但是當被問到如何去定義愛的時候，我們就詞窮了。爲什麼愛這麼難定義？也許正是因爲答案太簡單了，我們反而不懂。

愛是一切，愛是萬事萬物。愛是宇宙的能量，它是神聖、看不見的、聚合的力量，它將一切結合在一起。它在我們之內，在我們四周，它聯繫所有人。愛屬於每個人和每件事。愛沒有界限；沒有任何信仰、宗教或政治的意識形態和偏見可以控制或操縱愛。愛是唯一眞實存在的東西，它是我們每個人的構成元素。然而，我們卻常常覺得很難在自己或他人內心找到愛。

我們全都是愛的意識的一部份。當我們能夠瞭解每個人都是這種神聖元素構成時，我們就能在生命的各個面向，打開這扇通往神性的門。我們越是能放下批判的心，我們越是能尊重每一個人的本來面目——神的孩子——我們的靈性頻率就會更加明亮及純淨。我們越是充滿愛，我們距離神或自身的神性意識就越近。每個在世上的人都有機會使用愛的神聖能量。聽來似乎難以相信也無法想像，因爲經由相互尊重與榮耀彼此，我們反而是愛了自己。不過，很少人眞正願意全心全意地進入這種愛的意識，我們只願意片面性的給予或接受愛。甚至很多人只爲了得到回報才付出，這是有條件的愛。我所說的愛是無條件的，它是全面地付出及接納，而不是好像投資一樣，期待著回報。

當你把愛（love）這個字反過來，得到的是提升（evol）；一個人必須愛（love），才能得到精神與靈性的提升（evolve）。身爲光體，我們的靈性層面不是以智力，或獲致的財富，或社會，或政治的地位來衡量，而是以我們愛的能力。心的智慧遠超越世俗物質的領域。

我在進行通靈時發現，當靈魂帶著愛的能量前來時，訊息總是非常清晰與純淨，傳遞也不需費力，溝通時周遭的氛圍充滿愉悅。我總會告訴我的客戶，是因爲存在於他和已逝摯愛間的愛的聯繫，幫助了靈魂的溝通進行順利。聽到靈魂描述靈界裡無限的愛，每每令我驚歎。我常聽到靈魂提及如果他在世的時候能多愛一點，那麼他的靈性就會多提升一些；也有許多靈魂說到愛人及愛己的必要；他們一次又一次說：開始去愛永不嫌遲。

我想和你們分享幾年前的一個經驗，是關於瑪格麗特（朋友稱她瑪姬）和巴特（朋友叫他巴迪）這對老夫婦的故事。他們自高中相識後，就認定了彼此。結婚五十二年，他們這輩子都在一起渡過。對我而言，瑪姬和巴迪的人生顯現了兩個人類所具有的偉大的愛的能力。他們之間的愛是無條件的，他們的例子教導了許多人：在愛裡，沒有不可能的事。他們的故事說明了如何活得正面和豐富，如何超越他人的期望，克服恐懼及幻相——這通常都是愛的阻礙。與其按照社會的標準生活，瑪姬和巴迪以自己的心爲依歸。他們的愛證實了即使死亡也阻隔不了愛；有了愛，我們永遠不孤單。

就像大多數的夫妻，他們這獨特的一對也經歷了生活的起落。他們共同經歷了世界大戰、破產、病痛、親友的死亡，還有兒孫的誕生。他們分享所有好與壞的時刻，以及大大小小的生活事件。當通靈結束後，我和瑪姬聊了好幾個小時，我很捨不得讓她離去。她有一種奇特的溫柔和親切感，她眞的是一位偉大的生命導師。

我記得她說：「詹姆斯，你要悠閒點，不要把全世界扛在你的肩上。不要在意那些不相信你工作價值的人所說的話。他們自身的限制令他們看不到眞相。」這些話對我來說非常貼切。我從瑪姬還有其他人身上學到了很多道理。通靈結束後，我覺得她給我的遠比我給她的多，她的出現讓我領悟良多。

當我第一次見到瑪姬時，我覺得她根本不需要我爲她通靈，因爲她看起來是那麼的老神在在，我不認爲來自靈界的話會改變她對生命的觀點。我知道她來並不是因爲她絕望；她來只是爲了和那位教導她如何去愛的人再話話家常。她想和她那位靈魂伴侶巴迪說說話。巴迪兩年前死於肺癌，而在同時，巴迪在「另一邊」也等著和她說話。我記得當我準備開始的時候，瑪姬還正經的理了理衣服，整容以待。

「有一位紳士站在你的左邊，他想握你的手。」

「鐵定是巴迪了，他老是愛牽我的手，他總是這麼熱情。」她咯咯地笑著招認。

「他穿著一套褐色的西服。」我接著說：「他說他盛裝前來是不想被你趕下臺，他可眞是體貼。他也開心的在笑。他給我看別在衣領上的動章。」

「天啊！他還存著那個寶貝啊？」瑪姬轉向左邊，驚叫道：「巴迪，我把它放進棺木了，你就不能把它留在那嗎？」

我必須等待巴迪的回答。這時，我看見他拿了一束花給瑪姬。

「他送給你紫色的鳶尾花。」

瑪姬臉上堅強的表情消失了，淚珠滑落在她的臉頰。

「那是我最愛的花。我們每個結婚紀念日和我的每一次生日，他都會買給我。事實上，在他過世前的一兩個禮拜，我們還種了幾株這種花。我眞想念他。」

「是的，我瞭解。」我能感受到她的悲傷。

瑪姬接著說：「那個動章是紫心動章，是他在二次世界大戰時得到的。他救了一整營的人。」

她低下頭看著地面，我想她是陷入了沉思。突然間她抬起頭來大聲說道：「他眞是個傻子，不過這就是他啊！每次有人需要幫忙，即使是他不知道的事，他都會想辦法協助。」

「巴迪要你知道，靈界有好多好棒的人。他已經遇到許多你的老朋友。他見過了梅、你媽媽和你爸爸。他說他們都是老樣子。你爸爸現在看得清楚了。」

瑪姬叫道：「噢，梅，她是我姐姐。她已經過世十年了。我父親是成人後才瞎的，因爲工廠的意外。他曾經很痛苦，眞高興知道他又看得見了。這些陳年往事感覺就像昨天一樣。」

「巴迪告訴我他常常去看你。他說你聽『藍月』這首歌的時候，他就在你旁邊，他還想請你跳舞呢。」

「那是我們最喜歡的歌。每次我們一聽到，他就會拉我起來跳舞，就像我們初相識的時候。」

瑪姬的眼光轉向旁邊，回想起過去的好時光。「前幾天，收音機正播放那首曲子，」她轉回來看著我說：「我知道他就站在我旁邊，等著和我跳舞，我感覺得到。我聞到他的古龍水的味道，也感覺到他的手碰觸我的手。當時我還以爲那只是我這個老女人的想像。」

我告訴她：「他的確在那裡。他告訴我那是眞的。」

我繼續說：「巴迪要我告訴你，他覺得自己又像個孩子般青春洋溢了。還有，他說最近他看見你把一些藥丸丟掉，他在笑著說：『這才是我的乖女孩。』」

瑪姬也笑了，她說：「對啊，那些高血壓的藥。我只是想，我活到這麼老都沒有吃過這些藥，現在吃也不會有什麼差別了。我想醫生還有許多地方要學習，他們給人開太多藥了。上帝對我們所有的毛病都有解藥。我用草藥多年，今年都八十七了。」

我們一直聊著，絲毫不感覺時間的流逝。瑪姬是個有自己獨特觀點的老靈魂。巴迪又說了他們的孩子和孫子的細節。他也提到他們一起去旅行、一起養過的獵犬，還有所分享的快樂時光。他們都說深愛對方，不論對方的怪癖和缺點。

瑪姬回應說：「太多人活在恐懼和批判裡。在親密關係中，人們一定要學會看淡小節，將注意力放在愛上。這是唯一能夠維繫雙方關係及成長的方法。」

瑪姬和巴迪提到他們努力保持單純的婚姻關係，不把它複雜化。

這次的通靈既感性又深具啓發性，令我獲益良多。在通靈快結束時，有件事深深打動了我。

「你的先生要你替他向韓克問好！」

「噢，韓克，好的。我會的。他不像你，巴迪。他慢吞吞的，但他是個好人。還有，他把家裡所有東西都修好了。眞不錯，巴迪。」

我忽然看見和拉斯維加斯有關的旅程，我問瑪姬這對她是否有任何意義。

「是的，我和韓克在那兒結的婚。」

我一時糊塗了，巴迪不是她的先生嗎？

「是的，巴迪是我的先生，韓克也是。我是有兩位先生的老太太。」她的臉上帶著自信的微笑。

「巴迪和我結婚五十多年了。我們知道有一天，有一個人會先離開這世界。我們一直很相愛。巴迪很少生病，但當他得了癌症時，我們知道分離的時間就要到了。巴迪不想我在老年時孤單一人，他說如果他不能在這裡照顧我，他希望有人能和我一起，和我作伴。所以我們在退休社區裡尋找人選。」

瑪姬在心裡一定想到了什麼好笑的事，她的臉上露出微笑。「我們找到三位我們認爲合適的男士，他們都是鰥夫。巴迪和我討論他們的優缺點。我們認爲佛瑞德太需要人照顧，而喬太信宗教——我不是一個對宗教那麼虔誠的人，我相信神在你的心裡，而不是在教會裡。韓克是我們這個社區的維修員，我們互相喜歡，當然是他比較喜歡我啦。巴迪徵詢韓克的意見，願不願意在他走後照顧我。韓克同意了，因此在巴迪過世的幾個月後，我們就在拉斯維加斯結婚。我們社區裡的女人都認爲韓克是個髒老頭。她們什麼都不知道。」

我覺得很吃驚，巴迪居然還會事先安排瑪姬在他去世後有沒有伴的事。這眞是偉大的一課，同時教導了「分享」和「放下」。瑪姬和巴迪都不在意鄰居怎麼想，他們也不會讓自己的驕傲或自我阻礙了他們對彼此的愛。

最後，巴迪對瑪姬說：「下次當你聽到『藍月』的時候，想像我站在你的面前，向你伸出手，邀請你和我共舞。」

巴迪的確捉住了生命中的美好時刻。我相信，他們的舞，就像他們的愛，將永遠繼續下去。

最新情況

上次我和瑪姬通電話時，她和她先生韓克已經搬去拉斯維加斯居住。瑪姬總是說她的賭運很好，她覺得在玩吃角子老虎時，有巴迪在旁助一臂之力。她和韓克在國內四處旅遊，享受他們的晚年。「他現在是我最好的朋友。」瑪姬談到韓克的時候說道：「我們的興趣很相近，很享受互相陪伴的時光。我們可以說是最佳室友。」談話快結束時，瑪姬說：「我想，韓克、巴迪和我在另一個世界也會聚在一起。我非常樂見。」

來自天上的指導

在我進行亡魂對話及哀傷諮詢的過程中，對我而言，最有意義的是能接觸到人類深奧及神聖的層面。當我向靈魂世界或次元開放自己時，我從不知道誰會前來溝通，或是這次的互動會顯示什麼訊息。在絕大多數的通靈中，我所傳遞的內容都會涵蓋與當事人相關的細節，這一點讓我的客戶確定他的確是和所愛的人的靈魂溝通，也讓他們相信肉體死亡後意識仍然存在的事實。不過，在少有的幾次通靈解讀中，其他的存在體也會藉降靈會出現。通常這些存在體會提供靈魂層面的洞見，幫助我的客戶擴展靈性面的覺察。多年前，我曾經歷過這麼一次特殊的時刻，那次的經驗不僅改變了我的客戶對生命的看法，也改變了我對生命的觀點。在此刻我寫這本書的當下，我意會到接下來要提到的故事，不僅對一九九三年某個春天下午前來的女士意義重大，她的故事也是要與世界分享。

我希望你能以開放的心靈好好思考以下的陳述。如果這些訊息能引起你內心的共鳴，請將它運用在你的生命裡，看它如何改變你先前的觀念和知識。或許它正是你目前所需，能幫助你找到快樂和領悟的鎖匙。我相信這次的通靈顯示了愛的力量；只有愛能幫助我們從過去經驗的束縛中獲得自由，活在真實而純淨的萬物合一的喜悅裡。就像我在本書中敘述的其他例子，我想告訴各位的不僅是藉由通靈傳來的訊息和洞見，還有在兩個次元間所發生的令人感動的深刻情感。

◇　◇　◇

差五分兩點整，門鈴響了。我才匆匆吃完一份鮪魚三明治，正在做會見客人前的靜心準備。她早到了五分鐘，門鈴聲把我嚇回現實。我跑去開門，只見一位迷人的金髮女子自我介紹是蘇珊，她笑的時候露出潔白的牙齒，搭配她那美麗如模特兒的臉蛋和身材，真是完美不過。我帶引她進到客廳，叫她不要拘束。

在我確定她瞭解靈魂的溝通是如何進行之後，我開始感覺房間裡有一股「厚重」的能量。這是常有的事。我注意到每當要進行通靈時，通常是在客戶抵達之前，房裡的能量便開始改變。我相信這是來自靈界的「靈魂工作者」的能量，前來幫助我進行地球與靈界之間的溝通。

我向來會請客人在通靈進行前不要告訴我任何資料，我希望我的想法不要受到客戶渴求和期待的影響。在蘇珊的情形，她有一種不可抑制的欲望，非常想和我說話。通常客戶到達時會非常緊張，因爲他們從沒做過這類事。蘇珊一坐下就說：「我希望你能幫助我，詹姆斯。我一直作惡夢，雖然睡前我都會祈禱，但是沒有用。我也覺得不只我一個人在房間，好像總有人在監視著我，這種感覺好可怕。」

我先向她保證沒事，然後開始進入冥想。我把注意力聚焦在她四周的能量，立刻感覺到一位操著德國口音的女士出現了。

「楚蒂說她送上愛給你，她正看顧著你。不要擔心，沒有事會傷害你。」

原來楚蒂是蘇珊的祖母，生活在上世紀末的德國，她很重視靈性生活。

「她說她現在在靈界幫助那些在人間有身體殘障的人。她盡她最大的努力協助他們適應在精神次元的自由新生活。」

這對蘇珊來說很合理，因爲祖母以前就是在醫院擔任復健師的工作。

過一會兒，楚蒂對我說：「這個房間很擠，有其它靈魂想和蘇珊說話，他們已經等這個機會等很久了。」

我們向楚蒂道謝，我開始等候更多從靈界傳來的影像。

沒多久，一位有些「不大對勁」的男性靈體過來了，他用左手撐著他的頭。

「有位男士站在你身後，他的臉色蒼白，他用左手在耳朵邊撐著頭。他看起來好像一個僵屍，因爲他就只是瞪著我看。我向他發出念頭，但他並不想回應⋯又好像是無法回應。」

聽到這，蘇珊開始發抖。

我繼續說道：「奇怪，我看見一個海灘，晚上的海灘，滿月。我看到的是這個人的側影，他從窗戶往外看著海面。」

我看著蘇珊說：「這讓我想到馬里布海灘。」

「是的，請繼續。」她急切地說。

「他現在朝書櫃走去，又轉回頭，嘴巴張開好像要說什麼似的。他用手用力敲打著某樣東西。我不知道這是什麼意思。現在他好像在尖叫。他倒了下來，抱著他的頭。我現在只看見地毯上一灘血。他的頭在一灘血裡。」

蘇珊叫出聲：「這就是我的惡夢。請讓這惡夢停止，請停止它。」

我也在發抖。我的心看見栩栩如生的細節，那感覺就像看照片一樣清晰。我知道我看見的一定是謀殺的現場，這讓我感覺怪怪的，因爲大多數時候，我是以一個旁觀者的身份看見死亡發生的情景，而不是參與者。但在這個情節裡，我覺得我是立即身在其境，而且很不安。

過了一會，蘇珊擤擤鼻子，說：「爲什麼會這樣？」

我再三向她保證事情已經結束了，沒有什麼傷害得了她。這時，我開始看見一隻戒指，不是那種普通的戒指，而是三隻戒指纏成一隻。我問蘇珊這是否有什麼意義。

「是的。我和我先生認識後，有一回在大熊鎭看到這戒指就買了下來，後來我們用它做結婚戒。」

「我不知道這是什麼意思，但是我聽見大概是『波波』的音調。你知道這個名字嗎？」我問。

「我知道，是我先生。他的名字是伯比，但是我都叫他波波。除了我以外，沒有人那麼叫他。我很想他，我眞的很想念他。」

先前的影像漸漸消失，我開始感受到這個人的強烈感情，其中夾雜著許多紛亂的情緒。

「這個叫波波的人似乎很不快樂。很抱歉我這麼說，但是他好像很迷失，好像他被遺忘了一樣。他一直哭，一直哭，讓我覺得他再不停，我都無法繼續了。他覺得很難過，他讓你失望了。」

蘇珊看著我的身邊，就像直接對波波說話一樣：「親愛的，我就在這裡。你知道我永遠都會陪著你的。」

「我感覺他是蜷縮著躺在床上。那張床罩是黃色的，上面有小小的紅色和粉紅色的花。我還看見紅色的枕頭。」

她叫道：「那是我的床！我有那個床罩和紅色的枕頭。天啊！他在那邊嗎？波波，是你在床上嗎？」

「他是不是一個喜歡掌控的人？」我問：「因爲他好像有點毛躁，老是希望事情按照他的方式。他不能接受別人反對他。」

「是的，詹姆斯，我想你可以這麼說。不過我知道怎麼和他相處。好玩的是，我是他唯一不會大吼大叫的人。在工作上就別提了。他是個暴君，老是炒人魷魚。」

「他提到娛樂事業。他是不是在電影這一行？」

「嗯，他是個音樂經紀人。以前我們常和娛樂界的人玩在一起。」

接著，有個有趣的訊息被揭露。

「他給我一個克麗斯汀或克麗斯朵的名字，有個「克」字。你知道這個人嗎？」我問。

蘇珊先是低下頭看著她左腳旁的牆角，淚水從她的眼眶湧出。她看著我說：「是啊！我知道。怎麼樣？」

「他一直說他很抱歉。你是對的。他很對不起你。他讓你失望了。他要你知道他愛你。」

「所以，是真的了？」詢問的語氣。

「是的，他說是真的。他非常抱歉。你知道的。」

蘇珊開始哭了起來：「我感覺得到，但是我不願意相信。他怎麼能這樣對我？難道他不知道我有多愛他嗎？雖然我有機會和任何人在一起，但是我都一直跟著他。」

「你認識這個女人嗎？」我問。

「是的，我認識她一陣子了。她沒有參加葬禮，有些工作上的朋友說她在伯比死後，搬到東部和家人住在一起。」

通靈繼續著，波波坦承他和同事克麗斯汀的戀情。他解釋他在一個宴會上結識她，他們互相吸引。

蘇珊在她先生被謀殺後，聽過他們的事，「我不願意相信。」

「他給了我丹或丹尼的名字。你知道這個人嗎？」

蘇珊不知道誰是丹尼。我又向她重複一次名字，堅持她一定知道這個人。「你的先生一直強調那個名字。」

「對不起，我眞的不知道。」

「記下來。以後可能會有意義。」

在通靈時，這種事常常發生。來訪的人通常對他想要聽的事情會有期待心理，對於新的或不同的訊息並不開放。

「他告訴我丹尼知道所有的事。丹尼現在在墨西哥的海邊，日後他會從墨西哥回來。這些對你有任何意義嗎？」

蘇珊不瞭解她的先生在說什麼。不過幾個月後，她過世的先生向她所揭露的事情，完全有了意義。

我全神貫注的坐在那兒進行通靈已有五十分鐘了，我開始覺得疲憊。我記得當時我看著蘇珊，看到她的氣場像是支離破碎。我特別記得我還對自己說該停了。我感覺很累，我可不想在客戶面前睡著。接著我覺得越來越熱，我注意到有一股旋轉的能量圍著我。我感覺房間的能量變得輕了，不再那麼重，甚至連房間的色澤都變得明亮。藍的、紫的、金的光在房裡旋轉。忽然，一個有著深藍色眼睛的男性進入我的靈體場，我隨即昏了過去。

等我睜開眼睛，我看見蘇珊站在面前，臉上帶著開心的微笑，手裡拿著一杯水。

「你還好嗎？」她問。

這怎麼會是同一個女人？幾分鐘前，她還淚流滿面地坐在我面前。

「謝謝你，詹姆斯，眞是太感謝你了。你太棒了，我簡直不敢相信。你幫助我瞭解了很多事，現在所有的事都合理了。」

我不明白她的意思，我覺得自己像個局外人。

「我不懂。」

她告訴我剛才發生的事。我進入了毫無知覺的狀態，接著便是她的指導靈對她說話。這種情形在我通靈時非常少有。

「你介不介意我把錄音帶倒帶，聽聽你的指導靈說了些什麼？」

「當然不介意。」她回答。

我按了播放鍵，聽到一個深沉、有節奏、充滿了慈愛的聲音，他的態度從容沉穩。以前我曾聽過幾位指導我的靈體透過我在出神狀態時所說的話，但這個聲音是我從沒聽過的。

「親愛的你，此刻我來到這裡是爲了傳遞智慧之語給一位渴求的靈魂。以你們所稱的時間而言，久遠以來，你的仁慈與悲憫便點亮了你心愛的人的心靈。你和他爲了擴展人類的經驗，曾一起走過許多偉大與卑微、和平與戰爭的人間路。你們扮演過夫妻、母女、父子、兄弟與姐妹的角色；你們用愛將永恆串成閃亮的鑽石項鏈。你們今生又再次扮演夥伴。夥伴的意義不只於物質世間，同時也是靈性的層面；夥伴不僅限於夫妻的角色，父母與孩子、朋友與愛人都同樣是爲實現自我與成長而努力的夥伴關係。」

「這一世，你所知的靈魂，伯比，帶著許多世以前你們所承諾的盟約，回到了人間。你一直是他的老師，這個角色是你們兩人都覺得適合，也是你覺得最自在的。這一次，你的夥伴發現他又陷入了過去世的老舊模式，他的低自尊迫使他的人格自我向外尋覓愛與安全感，而不是向內尋找自己的光。他沒能瞭解他的心早已找到了棲息之所——你。他雖然和你結了婚，卻又和一位他前世曾認識的女子發生戀情。在前世，他是愛她的，但只是他單方的愛戀。這一世，他因此會不由自主地想去征服她，他不會讓她說不。現在，他說他瞭解到他和你的愛才是完美的，但是他的小我使他認不清眞相。他被另一個同樣以控制和操縱來達到目的的人所殺害。你的先生被殺的時候正和這個女子在她家。這是他的試煉，就如他過去世的考驗。然而這次卻是致命的一次。」

「你的心很沉重，這不僅影響了你，也影響了每一個你在身、心、靈和情緒各層面接觸到的人。我說的不僅是活在你們世界裡的人，也包括在靈界的我們。任何一個認識你、在乎你、愛你的靈魂都感受到你的不安與痛苦，尤其是那個你認為是他導致了你所有苦痛的人。你覺得很難相信你所愛、你信守婚姻承諾的人會為了另一個女人背棄你。你覺得受騙，但同時你又覺得他的生命被迫提早結束，剩下你孤單的過著沒有他的日子是沒道理可言的。你所看到的是你內心的反射；我們總是把自己先入為主的想法、感受和態度，投射到外在的世界。你如果改變你的想法和觀點，你看到的世界也會改變；至於要不要用不同的角度來看世界，決定權在於你。我們之所以會用憤怒、沮喪或興奮來回應環境的變化，是因為那是我們對外在刺激所做的解釋，而這些解釋乃是基於不完全的資料就斷定了的。」

「通常我們從伴侶、孩子、父母和朋友身上尋找愛。我們覺得愛別人比愛自己來得容易。從某方面來說，這滿足了我們，但這是一種假相。在你們的世界裡，有一種稱為恐懼的虛幻力量。當一個人對自己不眞實的時候，就會感到恐懼。我們恐懼付出的愛得不到相等回報，這種恐懼阻礙了我們在愛中成長的可能。我們把這種恐懼投射在其他人身上，尤其是那些我們愛的人。然而，我們並不需要靠別人的改變才能獲致內心的平靜，我們必須先在自己內在經驗到這種平靜。如果我們的心是處於幸福、愛和詳和的狀態，我們會向外投射這些特質，而這也將是我們會經驗到的情境。如果我們的心充滿了懷疑與恐懼，我們將這樣的心理狀態向外投射，它們也勢將成爲我們的現實。當一個人充滿恐懼，他看待世界的觀點也是扭曲的。因此，不要仰賴他人來填滿你內心的空缺。」

「你的夥伴必須學習去愛他自己，但他不明白這是什麼意思。他重蹈過去控制與操縱他人的習性，他剝奪人們的力量，令他們感覺無助。你想要幫助他學習並且協助他體認他與內在自我的親密。他在過去世有這方面的困難，他希望這次能夠克服這些傾向。爲了挑戰這些性格上的面向，他必須學習對自我負責。然而他卻沉溺在舊有的惡習裡，沒有思考自己的行爲對他人造成的影響。當心裡說：「這是我想做的事。」和「這是我需要做的事。」兩者之間有很大的差別。通常讓自己成爲一個完整、開悟、散發光芒的人所需做的事，並不一定會是我們想要做的。」

「你的靈魂夥伴在抵達這裡後，重新評價了他的一生以及他在世間的功課。有些地方他進步了，但他對於自己沒能完成原先設定的目標感到自責。他因此停滯在這個狀態，將自己封鎖於塵世經驗裡；他無法原諒自己毀了你們兩人的生活。他和許多來到這裡的靈魂一樣，意識到他們沒能珍惜每一天、每一刻，沒有將每一個經驗視爲瞭解生命的機會；他們瞭悟得太遲了。現在的他希望自己在世時是用『心』生活，而不是用『腦』；是以慈愛來評定自我的價値，而不是金錢。」

「你的夥伴在內心找不到愛，從你這邊也感受不到，因爲你不肯原諒他。雖然這永遠是你的選擇，但是你必須瞭解：你對愛的保留態度，不僅拖延你的靈魂朝向完整及開悟的進展，也拖延了那個你不肯原諒的人的靈魂進度。他需要你的愛和諒解來爲他指引方向。如果你的伴侶想要完全療癒，他必須寬恕自己。然而他需要看到你寬恕了他，他才能原諒自己。寬恕是糾正誤解、放下恐懼的工具。寬恕是愛表現於外的行動。寬恕就是愛。」

「你現在坐在這裡，覺得自己沒有盡到責任。當你們在靈界時，你曾經承諾要協助他抵抗塵世陷阱的誘惑，然而他對肉欲及貪婪的記憶淹沒且操控了他，使他沒能達成目標。你並沒有失敗，你已給了他認爲他值得你給的愛。你們以前曾一起努力過，你們還會繼續這麼做。你們分別都有進步，你們還會再進步，然而唯有透過愛。現在你必須寬恕他，釋放他，讓他去體驗自己的創造，最終，他會瞭解他自己的這個神聖部分。」

「你的惡夢是來自你感受到你先生對他的行爲的愧疚、否定和自我厭惡。許多來到這裡的靈魂，仍帶著他們在塵世的心智狀態，試圖用他們在人間的陳舊模式操控這裡的人與事，然而，他們會發現沒有任何效果。在這裡，沒有一個人可以控制另一個人。最有力的力量就是愛。原諒他，這樣他才能原諒自己。我送給你祝福及平靜。親愛的，我永遠在你身邊。」

訊息結束，我轉頭看著蘇珊，長長的歎了一口氣。道別時，我們互相擁抱，答應要保持聯絡。

最新情況

謀殺伯比的兇手落網了。丹，另外那個女人的男朋友，在墨西哥被捕。一如伯比在他對蘇珊的訊息所提到的。蘇珊把靈魂導師的智慧之語謹記在心，她原諒了自己和先生，並繼續在哀傷過程中表達她的感受。她開始與朋友見面聚會，也約了幾次會。她在電話裡對我說：「我的人生第一次有了秩序。我很想念伯比，但是我知道我們會再聚首。同時，有太多事情值得我感恩。我也很高興自己有一位愛我的守護天使，他幫助我走在靈性的道路上。」

當親友被謀殺

當我們愛的人沒有道理的被人殺害時，家屬和朋友通常會覺得憤怒、充滿怨恨與責怪，就像蘇珊的情形。這些感受都是哀傷必經的過程，都是可以理解的情緒。許多人常會覺得，如果當時他們做了些什麼，就可以阻止罪行的發生，這時候憤怒就成了愧疚。如果有法庭的審理，在證據呈現與證人作證的過程中，哀傷會持續被喚起。對於所有相關人來說，這是生命中非常可怕的時期。一方面，你希望審理趕快結束，事情儘早獲得某種形式的了結；然而另一方面，你又希望確定正義得到伸張，每件事都有最適切而不草率的處理。謀殺本身已經夠令人震驚了，尤其想到摯愛的人在世的最後幾分鐘所受的傷害，家屬親友更是痛苦。

當靈魂突然被拋出軀體，例如死於暴力，這個靈魂可能會有好一會兒都不知道自己的肉體已經死了。他可能會像夢遊一樣在人間飄蕩一段時日，當他知道自己已經不活在肉體時，他會變得易怒及不安。在某些情形下，這些迷失的靈魂留在人世不願離開。然而，一旦靈魂調整了心態，已去世的親友或指導靈就會出現來協助他。我曾經與謀殺案的受害人溝通，他們常是一方面感到困惑，另一方面又很關切生者的狀況。

謀殺之所以發生，原因很多。首先，可能是出於因果；業債必須償還。第二，殺人者的意識層面非常低下，沒有任何靈性，因此完全不把殺人當一回事。第三，有些人可能刻意干擾他人生命的方向，謀殺便成了結果。要承受親人被殺害的哀傷是非常艱辛的過程。請記得要有耐心，這個過程會持續一段時間；也請記得，寬恕能幫助你走過痛苦的感受。

朋友

我們常常聽到這種說法：你無法選擇家人，但你可以選擇朋友。事實上，我們不僅選擇朋友，也選擇家人。聽來難以置信，但他們確實都與我們一起在時間的海洋中航行。即使是那些只在生命中出現短暫片刻的友人，譬如說現在已經失去聯絡的兒時玩伴，他們都曾在靈魂的旅程中和我們一起，日後也可能會重聚。朋友和家人一樣，同屬我們的靈魂團體，他們是我們靈魂血緣的至親。我們與朋友同甘共苦，尤其在哀傷時更是如此。

朋友是我們能夠完全信任的人。我們知道他會以我們最大的利益爲前提。他願意陪伴，聽我們傾訴，並且幫助我們。朋友會在我們需要的時候，給我們鼓勵與指引。友誼的確是我們一生中最值得珍惜的禮物之一。

失去好友就如同失去了臂膀，失落的絕望可以比刀刃還鋒利，劃下的傷口更深。我們不預期朋友會死，我們向來以爲他們會一直在身邊支持和陪伴。因此好友過世，我們就像頓失依靠般無助。我們會反思自己的生活，回憶起過往；我們不知道未來沒有他的日子會是如何？好友的死訊可能令我們難以想像，我們因此對生活重新評估，並連想到自身生命的脆弱。（請記得，我們也選擇了從朋友的互動關係中學習，因爲在這種關係裡，我們有許多機會去愛人和助人。）

前不久，我失去了一位好友，他的死對我是很大的震驚，我不相信他就這麼走了。我們曾經共同分享許多人生點滴，我以爲我們的友誼會持續到老。他剛生病時，我很驚慌，但我一直陪伴在他身邊，直到他離世。在他死後不久，他的靈魂來看望我。知道他已順利到達靈魂世界，而且過得很好，這讓我非常安慰。我想，不論我們的朋友在那裡，我們都會希望知道他們一切安好。

接下來的故事說明了友誼的眞諦。

有一次我搭乘從紐約飛洛杉磯的班機，找到座位坐好後，我看看鄰座，她是一位年約五十歲的女士，有著一頭紅髮，妝化得很細緻。她向我點點頭，說了聲哈囉，自我介紹她叫露比。

「你就是那位在電視上和死人說話的人嗎？」

「是的。」我回答。

露比說一位叫麗麗的人安排我坐在她旁邊。我不知道這是什麼意思，只好笑了笑。

「我才剛參加完麗麗的葬禮，現在要回家。麗麗是我最要好的朋友。」

我感覺露比需要和人說話，我決定放下自己的事，專心聽她的敘述。那時我還不知道這五個小時會是我搭乘飛機的經驗裡最有趣的旅程。

露比告訴我，她和麗麗是三十多年前認識的；她們漫長及美麗的友誼就從那時展開。

「我們都喜歡裁縫。」露比回憶：「麗麗很愛做布娃娃，我幫她爲布娃娃做衣服。我們做了差不多有兩百個娃娃，都送給了醫院裡生病的小女孩。麗麗常常說娃娃能讓那些孩子開心，能幫她們好起來。」

露比說她和麗麗是焦不離孟、孟不離焦，大家都以爲她們倆是姐妹。她們在同一個月結的婚，先生都叫保羅。她告訴我她們如何相互扶持，渡過生命裡的難關，又是如何共享歡笑。

露比接著提到：「麗麗被診斷患有白血病時，我正好陪著她。我們兩人哭成一團。我希望她會奇蹟似的好起來，但是我們都知道不太可能。我每天到醫院陪她，握著她的手，直到她去世。」

我問她：「失去了好友，你要怎麼過日子？」

露比斷然地回答：「我會做一件我想麗麗會喜歡的事，把很久以前我們做的那些舊的、壞掉的娃娃修補修補，送給需要的孩子們。」

她接著說：「我常常夢到麗麗，我也覺得她就在我的四周。有需要的時候，我會請她指點。知道能以另一種方式與她一起令我安慰，但是，我還是非常想念她，想念活生生的她。」

飛機降落了，我向露比道別，祝她好運。我在心裡想著：露比這種紀念朋友的方式眞是動人。

我靜靜坐在位子上等候，看著大家迫不及待地下機。當我意識到只剩我一個人時，我抓了包包，向機門走去。我向前走了幾排座位，正好瞄到前方的地上，有個被遺忘的娃娃。我心想這眞是巧，我撿了起來，看著受損的娃娃，倒抽了一口氣：她沒有了雙眼，臉上的笑容卻完好無缺。我往上看了看，知道這是靈界給我的禮物，不知道是不是麗麗？這個娃娃溫柔地提醒了兩個朋友間不變的愛。

療癒指南

*允許自己走完全部的哀傷過程。

＊把你的感覺對朋友或是其他家人傾說。絕不要壓抑自己的情感和感受，不要以爲你一定要控制情緒才是對的。如果你覺得和認識的人傾談很困難，心理治療師或支援團體或許會是你表達內心感受及想法的最佳管道。

＊放慢腳步。不要覺得你必須馬上完成所有的事，包括家裡的日常瑣事。請朋友幫忙處理些實務。簡單如付賬單、整理家務，房子內部的修修整整、買日常雜貨等的平常小事，在這個非常時期都會顯得吃力；不要害怕開口請人協助。

＊對自己要有耐心，溫柔的對待自己。你哀傷的情緒會不時的出現，有些時候你覺得還不錯，有些日子你卻會坐著發呆，覺得麻痺而孤單。

＊偶爾爆發怒氣是正常的，讓它發洩出來。但是不要傷害自己或其他人。

＊如果你的孩子還小，和他們談談失去親人的問題。你要瞭解他們也在痛苦和哀傷。鼓勵他們把感覺說出來。讓他們知道他們並不孤單，你也在其中，你們會一起渡過難關。向他們保證你會和他們在一起，你不會離開。

＊如果你的孩子想要安慰你，讓他們這麼做。對你們雙方來說，這會是很好的療癒傷痛的方式。

＊隨著時間過去，試著參加一些社交活動。不要孤立自己。和朋友去看場電影或聚

餐。

*滋養自己。你可以在花園裡走走，或買些植物回家種植。

*或許你會願意去本地的動物收容所帶隻寵物回家。通常，當我們爲了別人忙碌的時候（包括小動物在內），我們不會沉溺在過去。寵物以無條件的愛陪伴我們，是最能安慰我們的良伴。

*開始記日記，寫寫你所愛的人——不論是伴侶還是朋友。你可能會想記下一些對你意義重大的事，或是寫下每一天的感受。

*認知到自己經歷了些什麼，評估你的力量和弱點。你的經驗能幫助他人嗎？也許過一段時間，你會希望向他人伸出援手，幫助那些在哀傷過程中的人。

*不要太快跳進另一段親密關係。它可能是你掩飾痛苦和悲傷的方法。請給自己足夠的時間與空間療傷。當你準備好了，你自然會知道。

*將這次經驗看成是開啓自己靈性生活的契機。

*不要拒絕再愛。你並不是傷害或背叛任何人。你的伴侶在靈魂的世界。他只會希望你完完全全的快樂。

第五章　早逝

我們每一個人都帶著非常清楚的目標來到人間。一旦目標完成，就是我們離開的時候。有些人來這裡經驗長壽，有些則只需要爲期很短的經驗就回到了天堂——我們靈界的家。這項選擇在我們進入軀體前就決定好了。如果我們能夠用這種角度看待生命，並且認知到時間與空間只存在於人間的次元，而我們是永恆的存在體，我們就可以對生與死的本質有更清楚的認識。

一個人所能忍受的失去的極限，可能就是孩子的死亡了。怎麼可能會有人準備好兒女或孫子女先自己而去？若問任何一個做父母的人，他／她很可能會說：「我會活不下去。」或「我再也不會一樣了。」或是「我的餘生就毀了。」那種孩子過世的椎心之痛以及隨之而來的絕望，是任何言語都無法描述的。雖然父母終究會活下去，但是那種失去卻永遠改變了他們的一生。

當孩子死亡的時候，父母會面對一種不解：我的孩子怎麼可以比我早走？父母感到非常愧疚，因爲他們認爲自己對孩子的死有責任，「我爲什麼沒能阻止這件事發生？」他們覺得自己沒有價值，感到手足無措與無力，因爲他們相信自己沒有盡到做父母的義務。他們不再將自己看爲父母，而是死了孩子的父母。心中充滿歉疚的父母無法清醒的思考，就算對孩子的保護和照顧有多周詳，他／她仍然覺得自己在某方面難辭其疚。除了覺得孩子走得太早，孩子的死讓他們覺得毫無道理，他們最後總無可避免的怪罪自己。

孩子與父母的緣

孩子與父母的關係比任何一種關係都要親密。孩子是父母對愛最完整的表達。孩子像是自我的延伸；第一次作父母的人，呵護、滋養著孩子在母親子宮內的成長，欣然的準備迎接新生命來到這個世界。我們看顧他們的一舉一動，保護他們不受到任何威脅與可能的傷害。我們認定孩子會順利長大成人，在我們走了之後仍繼續著他們的人生。孩子帶給了父母希望，在某方面也延續了父母的生命。

親子間的連繫有許多層次，超越了遺傳、情感和心智所能瞭解的範圍。畢竟這種緣分是源自靈魂的層面，在靈界，相關者作了決定，以父母子女的角色經歷這一世，因此在即將要來到人間的靈魂和父母之間，早有安排好的約定存在。以我的經驗來說，我發現許多這類的安排和當事者需要學習自愛和自我寬恕有關。有時候，一個孩子幫助了父親或母親學習無條件的愛；也有時候，父母決定經驗一些特定的情況，例如孩子的早逝，以便未來能幫助同樣有喪子之痛的人。不論理由爲何，所有的經驗都是靈魂的功課。

我曾在我的兩本書《與天堂對話》和《與天堂聯繫》中提到，我們每一個人都行走在靈性的旅程。每個個體都是光，都是上帝能量的一部份。每個靈魂都從他個人的道路中學習認識他的神聖自我。因此，當一個孩子早逝於人間，那是出自靈魂的決定。有時候，靈魂甚至決定不完成出生的過程。許多時候，靈魂也以可怕、令人費解的方式離開軀體。無論如何，最重要的是要知曉：沒有死亡。父母們將與他們的孩子重聚，正如許多世以來他們所經驗到的。請記得：孩子的靈魂活在另一個世界，他們永遠能感知父母的思想和情感。

胎兒的死亡

從肉體層面來說，懷孕對女人代表著希望和夢想。她和她的伴侶一起創造出了新生命。懷孕的母親和她那未出生的孩子之間，有一種只有她知道的特殊聯繫。雖然父親也與新生命相繫，但是母親與新生兒之間的聯繫卻是獨特的；所有母親感覺的、想的、說的、夢的，都在精神的層次上與她體內生長的胎兒有所溝通。一個懷孕的母親對她那未出生的孩子懷有許多期望與關切。

因此當孩子在出生前死亡，例如流產，母親不僅會覺得夢碎，也會認爲自己有錯，好像她應該直接對死亡負責，因爲嬰兒是在她的身體裡死去，她會責怪自己沒能爲她未出生的孩子提供一個安全的場所。她的哀傷裡可能存在太多的自我批判及悔恨。在一些極端的胎兒死亡案例中，有些女性甚至會覺得她們是謀殺犯，更有少數人感受到心中有無法想像的衝突、折磨和極大的哀傷。當然，父親也會覺得不安，他很可能會怨怪自己在某方面沒能妥善照顧好母親和嬰兒。

此外，嬰兒早逝的父母會覺得他們被剝奪了養育孩子、延續香火的權利。他們除了要面對這個悲劇，還要尷尬的面對他們的家人和朋友。通常父母周遭的人會認爲這樣的失去並不嚴重，因爲孩子並沒有出生，這個生命並不算活過。甚至連醫院也會很快、很冷淡的宣佈胎兒的死訊，告訴母親一部分的她死了，不過沒關係，她還可以再試；這種做法眞是太不體貼了。我覺得我們需要認知到：任何胎兒的死亡，對父母而言，都是極端痛苦的事。

在許多案例中，譬如流產的打擊，或是因妊娠併發症導致胎死腹中的情形，都會影響女性對未來懷孕的信心。她可能不信任自己有能力孕育另一個生命。她很擔心悲劇會再重演。雖然她們最後會瞭解並接受事實，但在她再度嘗試懷孕之前，她的身心都必須恢復健康與自信。

從靈性的角度來說，我曾被告知這不單是母親的功課，同時也可能是自然的一種方式，目的是在母親的體內形成一個更堅固、穩定的能量區，以利未來投胎的靈魂。換句話說，發生在身體或物質界的狀況可能是靈魂或以太層次運作的結果。

在任何胎兒死亡的情形中，父母必須要先認知到他們是處於哀傷狀態。震驚和罪惡感可能持續的比預期中久，他們也很可能自認不適合作父母，這個經驗讓他們害怕，不敢再有生兒育女的念頭。

另一方面，墮胎因本身的議題有來自社會和政治立場的一連串壓力，墮胎的婦女更是容易受到良心的苛責，內心充滿悔恨和罪惡感。對我而言，政治和墮胎是兩回事。墮胎是靈性而不是政治議題。一個女人對墮胎和流產所感受到的痛苦是相同的，然而墮胎還要背負自我的譴責。由於社會上有很多人把墮胎歸類爲謀殺，這種看法只是在墮胎婦女的傷口上灑鹽。通常女性可能不會瞭解到她正處於哀傷的階段。有時因爲信奉的宗教，這類的失去可能會讓她掉入憂鬱的深淵多年。

不論墮胎的理由爲何，要學習的功課總是和這個女人對愛、接納以及自我價值有關。我無法告訴你有多少次靈魂們告訴我：靈魂不會被墮胎所毀，因爲它還沒有全面進入正在形成發展的胎兒肉體內。靈魂會感知即將來臨的墮胎，因此在發生時，靈魂先回到了靈魂的世界，準備等待下一次可行的工具，一個更適合帶它回返人間的機會。

由於社會對墮胎的污名化，我知道有許多女性一直活在羞愧、自我否定和恐懼裡。在某些例子中，她們的生活實質上已經被摧毀了。當一位女性經歷墮胎，不論她承認與否，她的內心都會爲這件事感到哀傷。我總會建議她尋求適當的諮商，在一個安全的環境中，抒發她的感受。有太多的婦女一輩子都在受苦，甚至許多輩子，這完全沒有必要。與其譴責她們，或許社會能夠幫助她們瞭解讓新生命來到這個世界的責任。我們也必須明瞭，神不會犯錯。每一個經驗的發生都有其原因，而所有的經驗都是爲了我們靈性的成長。

嬰兒猝死症候群

另一個嬰兒早逝的情形是嬰兒猝死症候群，也稱爲搖籃死亡症，通常發生於嬰兒出生後的第一年。不幸的是，這個悲劇事先並沒有預警。單是在美國，每年死於嬰兒猝死症候群的人數就有八千到一萬個，大多發生於午夜到早上九點之間，死亡的可能原因包括了嬰兒的睡姿。直至目前爲止，醫學界對嬰兒猝死症的瞭解仍然不多。

在我大約十歲的時候，我的好朋友史考特的媽媽懷孕了。康妮是我知道的第一個孕婦。一天下午，史考特和我如往常般地練完足球後，站在一個支架上，看著來往的車輛，等候史考特的父母來接我們。當他們開著那輛老別克來時，忽然間我有個直覺。從我站著的角度，我剛好可以從擋風玻璃看到前排座位。直到今天我都記得她那件粉紅色的豹紋孕婦裝。當我看到她的腹部時，我有種非常奇怪，很不舒服的感覺，讓我覺得那邊好像有什麼不對勁。

一個月後，一個健康、正常的嬰兒誕生了。那時，我早已忘記自己曾經有過的感覺。兩個禮拜後的一天，我打電話給史考特，他父親接的電話，他告訴我：「嬰兒死了。」我嚇了好大一跳，電話筒掉在地上，尖聲叫了出來。那是我第一次聽到嬰兒死了的事情，對我來說，我完全想不通。然後那種不舒服的感受又回來了，我內心希望不是因爲我的關係而發生這件事。我問媽媽我可不可以去史考特家，看看能不能幫些什麼，但她說：「現在不是時候。」我記得我跑到後院，從籬笆向史考特家張望，一輛黑色的卡車停在他家門前，車上有市政府殯儀館的字樣，我知道它是來取小嬰兒的屍體。我跑回房間，躺上床，我哭了。

幾天後，我看見史考特的母親，她看上去糟透了。我看得出她一直在哭，我也有種奇怪的感應，知道她爲了孩子的死責怪自己。我不能告訴她那天足球練習場發生的事，因爲連我自己也不懂。我很感激我的母親用保證性的字眼告訴我：「小嬰兒和上帝在一起了。」

當嬰兒出生幾個月後死亡，這個小生命和父母之間已經建立的關係就這麼突然被切斷。如果小嬰兒死在醫院裡，父母回到家必須面對空蕩的嬰兒房；如果是嬰兒猝死症候群，小嬰兒在家裡死亡，父母在第一時間必須獨自面對孩子的死。事發前完全沒有任何警訊，前一分鐘孩子還是好好的，下一分鐘就沒了動靜。這種驚嚇與無法置信的程度相當駭人，有時會使得父親或母親否認嬰兒死亡的事實。他們絕望的尋找爲什麼嬰兒會死的答案，但是他們找不到。除了要面對醫生及他人的詢問，他們也不斷自問：「我做錯了什麼？」「我應該怎麼做才不會發生這件事？」葬禮過後，父母還要將小嬰兒的衣服、玩具、奶瓶以及其他東西收妥。空蕩蕩的感覺加上寂寞襲來，對母親特別煎熬。只要看到其他懷孕的女人或任何帶著嬰兒的母親，都會毫無預警地一次次引發她失去孩子的悲痛。這種心痛的感覺在小生命死去多年後，都有可能會一再浮現。

爲失去哀傷

因孩子過世而哀傷的父母和其他哀傷的人不同，因爲孩子的死代表許多層面的失落，包括對孩子的夢想與渴望。隨著孩子的死亡，所有的目標與期待都掉入絕望的無底深淵。許多父母因此活在重重悔恨與自責裡。就算他們漸漸走過了哀傷的過程，傷口開始癒合，他們心中的空洞永遠無法完全填補。

許多來找我的父母對上帝把他們的孩子帶走感到非常氣憤。他們把死亡看成一種懲罰，他們覺得一個慈愛的上帝怎麼可以做這種事？他們會詛咒上帝和宇宙。我只能和他們分享多年來我和靈界溝通所學到的事，那就是——上帝絕不會報復，也不會懲罰人類。

每個失去孩子的父母在通往療癒的路上都會經歷震驚、否認、憤怒等哀傷階段。通常父母會對所有的人生氣，包括朋友、家人和醫護人員。他們看到別人的孩子，不瞭解爲什麼這些孩子可以好好活著，而他們的孩子卻不能。某一天，他們覺得自己可以做些事了；第二天又深陷絕望裡。許多哀傷中的父母試著儘早走出哀傷過程，心想這樣就不會那麼痛了，然而他們只是延長了受苦的時間。

失去孩子的哀傷是一個悲痛的過程，在這個過程中，耐心非常重要。你必須給自己所需的時間；沒有時刻表可參考，也沒有到了什麼時候痛苦就一定會消逝的保證。每一個人療癒的方法不同，需要的時間也不一樣。不過療癒大致與下列三件事有關：第一，親子關係；第二，父母身心健康的狀態；第三，親戚、朋友、鄰居及其他人所形成的支援系統是否健全。

要父母去談論孩子的死是很艱難的事，但是抒發感受對於父母卻是非常重要。要父親去講述他的心境可能特別困難，他可能根本不願意顯示出失落與哀傷。作父親的因此更需要被鼓勵去表達感受。如果任何一方長期埋葬或壓抑他／她的感受，結果可能導致婚姻的破裂，未表達的哀傷也終會以其他不健康的形態顯現。

隨著時間的過去，父母對孩子死亡的強烈感受可能會漸漸淡去，但是不論他們讓自己多忙碌，做父母的永遠也不會眞正忘卻失去孩子的痛苦——他們只是找到了活下去的方法。

以下是失去孩子的父母們的故事。這些父母用自己的話，描述他們的哀傷；曾經對孩子懷有的夢想，又是如何痛苦的幻滅。有些人重拾生活，並且幫助那些有相同境況的人；另一些人則因此深入內心，找到了一種靈性力量，一種他們從不知道自己擁有的力量。這些父母提到，他們現在和宇宙的源頭有了更強的聯繫，他們和孩子的這一段緣分給了他們一個學習愛的機會。

我選擇他們的故事，希望藉此告訴各位：即使在最糟糕最慘痛的悲劇裡，人們還是可以找到不可思議的成長契機。我深切地希望那些在痛苦中的父母，能夠從這些故事裡感受到一些平靜的力量，因爲不論他們的兒子或女兒在塵世的時間多長或多短，孩子們美麗的靈魂都在另一個世界祝福著他們。

沒有意外

這個故事來自一位非常美麗的女子。她的名字叫秋迪，她的兒子死於家中的火災爆炸事件。幾年前，秋迪和先生艾瑞克參加過一次由布萊恩・魏斯醫生和我主持的示範會，那次的示範是在地中海的遊輪上舉行。以下就是她描述她和家人的經歷。

* * * *

一九九七年十二月十七日之前，我的生活是怎麼過的，我都不太記得了。在那之前的日子像是一片模糊，現在的生命則清晰了許多，充滿較多的光與愛。我兒子的驟逝改變了許多人的生命—包括他父親、我、他弟弟、他太太和女兒、愛他的朋友，甚至許多素昧平生的人。伊安死後，他替我們開了一扇門，他讓我們發現並經驗到靈魂的永恆生命。他幫助我們憶起：我們每個人都是正在經歷人世的精神存在體。

伊安死的前一晚，我的一位好友出現在夢裡，她穿著白色的衣服，告訴我醒來後冥想三件事：1.死亡從不是意外。2.凡事沒有巧合。3.只有愛是眞實的。隔天早晨，我告訴先生這個夢，還有我睡得有多麼香甜。就在那天傍晚，急診室的醫生告訴我們伊安因傷重不治身亡。我那時便知道伊安並沒有眞的消逝，我覺得伊安的靈魂到了一個有愛且平靜的地方。我也知道他在這一世有很大的進展。

爆炸火災奪去伊安生命的隔天，我的小兒子史考特說，他覺得我們之前接觸並閱讀魏斯醫生的書和錄音帶是宇宙爲了幫助我們準備伊安的死亡。不幸的是，艾瑞克沒有這分幸運。兩個禮拜前，史考特和我剛好看見詹姆斯・范普拉出現在拉瑞・金（Larry King）的電視節目，我於是訂購了他的書《與天堂對話》。當我們從伊安的追思禮拜回到家時，書剛好寄到，我認爲那是另一份來自宇宙的禮物。史考特和我讀了又讀，書中的療癒訊息給了我們許多幫助。我很希望我先生也看看那本書，因此當他在讀的時候，我好高興，而這也是他靈性覺醒的開始。

當我們一知道詹姆斯和魏斯醫生在地中海遊輪上有個講習班的活動時，艾瑞克和我便立刻決定參加。那次的旅行改變了我們的生命。

在上詹姆斯的課之前，發生了一件很奇怪的事。當時我和另外幾百個人一起坐在大講堂裡，我的眼光不自覺向下看，發現一張伊安的照片在我的大腿上。那張照片一直在我的皮夾裡，但是我並不記得曾經從包包裡取出過皮夾。那是伊安在小學的班級照，當天他穿了一件有破洞的運動衫，我記得那麼多年前我還問過他：「為什麼不穿件好一點的運動衫去照相？」在船上的人除了我和艾瑞克之外，沒有人看過那張照片。

課開始了，我們聽著詹姆斯談論死後生命，我覺得我們來對了地方。接著，詹姆斯開始了他的通靈。我們坐在一個有幾百人的大講堂的後排，詹姆斯為觀眾席中的幾個人傳遞訊息後，忽然間，他說出了令人詫異的事。

「這裡有個年輕人，他拿了一件有洞的運動衫給我看。哪一位知道這是什麼意思？」

剛開始我不知道該怎麼辦。接著我站了起來，心想：「現在我可知道他為什麼要穿那件舊運動衫了。」

詹姆斯穿過走道，朝我們走來，他說：「這位年輕人給我一串珍珠項鏈，你瞭解是什麼意思嗎？」

我簡直不能相信他說的話，但是我完全瞭解。前晚的夢裡，伊安對我說他給我智慧之珠，可以串成一串美麗的項鏈。那天早上我才把這事寫在我的日記。

「他是你的兒子嗎？」

我點點頭表示是，淚水開始溢出眼眶。

「你的兒子給我看譜。五線譜。還有一個吉他。他正在彈吉他。」

我回答：「是的。伊安在一個樂團彈奏吉他很多年了。」

詹姆斯繼續說：「我覺得你的兒子走得很快。發生了爆炸，然後有火。」他停了一會兒，接著說：「他告訴我他很怕死於火燒。」

我告訴詹姆斯：「伊安總是害怕死於火燒。」

「你的兒子很靈的，他預知了他的死亡。」

詹姆斯接著又說：「我必須說伊安是個惡魔，也是個天使。」

伊安的確是的。

詹姆斯看起來好像在沈默的房間裡聽著什麼似的，接著他說：「他告訴我，爲了他靈魂的成長和進化，他這世必須如此離開。你瞭解我說的嗎？」

我點頭表示我懂。

「他也告訴我你是個靈媒，你自己可以接觸靈魂的世界。他說你需要多注意，好好傾聽。」

詹姆斯說了很多只有伊安才知道的事，不過最後一句話令我非常吃驚。我一直夢到伊安，在夢裡和他說話，但是我從來沒有想到自己會是個靈媒。

詹姆斯接著說：「你的兒子很快樂，心情也很平靜。他希望你能再快樂起來。他說：『我希望你能看到我現在在的地方有多麼美。』」

在詹姆斯通靈的兩天後，我開始接收到伊安和一位叫葛林的人傳來的訊息。葛林說他是在伊安走後的一個星期過世的。我不認識葛林，但我才在這次的遊輪遇到他的姐姐瓊安。瓊安告訴我，她覺得葛林和伊安如果生前認識的話，很可能成爲好朋友。她也確認了葛林給我的訊息。我們後來知道伊安和葛林在靈界是好友，而且他們有幾次人生都在一起。從那之後，伊安和葛林開始定期探望我。

兒子透過詹姆斯所傳來的療癒話語讓艾瑞克和我感覺平靜，心情也好多了。我們的生命自此改變。以前會視爲問題的事，現在我們把它當成靈性發展的機會。我的先生開始用一種更靈性的角度行醫及生活。現在我們能夠把伊安的去世看成一項美麗的禮物。藉由學習不害怕死亡，我們才不懼怕活著。必須去控制外界環境的心態消失了，取而代之的是宇宙的愛和智慧。因爲與自己內在的神性接觸，使得我們得以幫助他人，而這些幫助又觸及了更多人。當然，我們還是很想念兒子伊安，但是他的靈魂一直和我們同在，有需要時我們隨時都可以自由的和他談話。

最新情況

秋迪告訴我：「在伊安去世前，你可以說我過的是毫無靈性的日子。我擔心每件事，對於人與事，我都有很多的批判。我害怕擁有的不夠多，每天過著機械化的生活，對於什麼才是生命裡眞正重要的，我不是那麼在意和敏感。」在兒子去世後，秋迪一步步走過她的哀傷過程，也改變了她對生命的看法。她說：「現在我和神有一個關係，這個關係建立在瞭解以及對所有生命無條件的愛。宇宙告訴我越多過去世的資料，我對今生就越瞭解。透過和伊安的溝通，我發現他的前世曾經自殺，而今生他回來繼續活他前生沒完成的日子。伊安在十五歲的時候曾經寫下自殺的念頭，在前世他正是那個年紀自殺的。他說在那世他被性虐待，覺得活不下去了。在他去世的隔天，我才發現他這一生也曾有這樣的經驗，我非常震驚和憤怒。然而伊安卻能在這一生把他的經驗轉化爲對無家可歸的孩子及遊民的愛與慈悲。」秋迪說她會繼續向她在靈界的兒子學習，「他一直教導我愛與慈悲的重要。」

致電天堂

孩子的死帶給父母無比的傷痛和折磨，但是這種失去對整個家庭都造成了令人不安的影響，以下的悲劇便是一個例子。幸運的是，比爾和唐娜，還有他們的孩子萊恩與凱莉，因爲年輕克利斯的死亡，使他們一家更緊密親近。以下是唐娜敘述她椎心之痛的經歷，她的經驗撫慰了許多有同樣遭遇的心痛父母。

* * * *

我的先生比爾和我在清晨四點被門鈴驚醒，自此開始了我們的惡夢。我們當時從床上跳起來，忐忑地應門。開了門，看見兩個表情嚴肅的警員站在門外，那眞是每對父母最怕看到的一幕。我們知道一定不是好事。當他們開口說我們的兒子克利斯多夫在離家一個街口的地方，出了嚴重的車禍，我的腿立刻發軟。從出事現場看來，他握著方向盤睡著了，車子衝出路面，撞上了樹。救護車已經送他去本地醫院的急診室。我隨即奔進房間拿外套，腦子一片混亂，胃不斷抽痛。臨出門，我直覺的拿了放在床頭的玫瑰念珠。上了車，我開始禱告：「天啊，怎麼會發生這種事？請照顧我的兒子，請不要讓我的寶貝死去。耶穌基督，請幫助他。」比爾認爲他會沒事，「畢竟，」他說：「意外天天發生，多數人都沒事的。」我眞不知道比爾怎麼還能開車，他看來非常的魂不守舍。

我們在路上推測到底發生了什麼事。克利斯和幾個朋友爲了慶祝一個禮拜後的高中畢業，在前一天去了神奇山。他在吃晚飯時回到家，告訴我們有多好玩，還說了些發生的有趣事情。那天他一定累壞了，但是克利斯總是有用不完的活力，閒不下來。因此晚飯過後，他告訴我們要去朋友家逗留一會，我一點也不驚訝。我對他說的最後一句話是：「不要太晚回來，你明天還要上學。」他像平常一樣，跟我們吻別，說著：「知道了，別擔心。」

我們知道他在朋友家會喝些啤酒，也許時間晚了，一點酒精再加上疲累，讓他開車的時候睡著了，而且濕霧的清晨更容易令人疲倦。他離家那麼近了，警察說只有一個街口。如果他能夠再多保持幾分鐘的清醒，一切就沒事了。他幾乎沒那麼晚回家過，因爲他知道我們不喜歡他晚歸。我責怪自己爲什麼沒有在午夜醒來，如果醒來時發現他還沒有回家，我就可以傳呼他。他總是會乖乖回電。

我們驚慌的跑進醫院，值班人員說醫生正在爲他動手術，很快會來見我們。於是，我們開始了痛苦的等待。現實的憂慮不斷侵擾我們的心；我們不停的禱告。也不知道念了多少遍念珠，醫生終於出來了。他面無顏色，看起來累壞了。在他開口前，我便已知道他要說什麼。「克利斯的頭部受創嚴重，胸部也有多處傷口，我們止不了血。他努力了很久，我們也是。」但是我們的兒子沒能撐過去。「我很抱歉。」醫生說。我永遠也不會忘記那些話，當時的痛簡直無法描述。現在我重述著當時的情形，不敢相信爲什麼那時我沒有立刻死去。比爾和我驚嚇的倒在相互支撐的臂彎中。這時醫生問我們要不要去看看我們的兒子，比爾說他不認爲他可以承受，但是我斷然地說好。克利斯來到這個世界時，我在場；現在他走了，我也要在場。

我曾聽說我們的腦在極度壓力下，會分泌出一種化學物質，它可以麻醉我們的感受，保護我們不受痛苦。我想，那種化學物質已經開始作用了，我覺得自己像一具僵屍，走進一個已經停止的世界。我坐在兒子身邊，握著他的手，摸著他漂亮的臉，那是一張我知道這一輩子再也不會看到的臉。我想起他出生的那一天；現在，他已經沒有了未來。他在我的心裡永遠都會是十八歲。我要把他的臉、手、胸、腳全記下來，我害怕我會忘記。我看著他鼓起的下牙床，想到我們才剛剛訂了牙齒矯正器；我看著他眉毛上的痣，想到他一直想把它點掉。他的生命怎麼可能就這樣結束了？

比爾改變了心意，他走進了房間。我從來沒有看過他如此痛苦，我幾乎認不得他的臉。他站在那兒一動也不動，神情恍惚。克利斯和他很親近，他們兩人的個性很像。我眞不知道他要怎麼從失去兒子的痛苦中復原。

我們離開醫院的時候，太陽已經出來，人們也開始了新的一天，就像每個平常的日子。比爾和我機械似地走進車子，開車回家，回到一個再也不會一樣的生活——一個沒有么兒的生活。我對比爾說：「我不知道沒有克利斯，我們要怎麼活下去？」

比爾在醫院時打了幾通電話給家人和朋友，他們很快就會到家裡會合，我們必須要開始計畫喪禮。在這種心情下，對我們像是不可能的任務。更糟的是，我們還要告訴另外兩個年紀較長的孩子，凱莉和萊恩，他們的弟弟死了。我們一家向來很親近，我知道他們會和我們一樣痛苦。再複述一次細節時，對我們眞是天大的折磨。凱莉一直哭、一直哭，不肯相信。萊恩大叫：「不，不，不是克利斯！」然後用力搥打著床。

接下來的日子好像不是真的。我感謝上帝，還好我們有親友的愛與支持；我們都需要彼此的扶助。每個人都很愛克利斯，失去他，大家都非常痛苦。喪禮辦得很美，教堂裡來了很多人，看到克利斯的許多朋友出席，我們覺得很安慰。他們說永遠都會記得克利斯的笑臉，還有他老喜歡開玩笑讓大家開心的事。克利斯的一些友人提到他如何提供建議，幫助他們解決難題。我從來不知道他曾經讓這麼多人感動過。喪禮結束後，我們感覺好了一些，事實上，這是四天前那個可怕的早晨以來，我們覺得比較好過的時刻。

不過，接下來的日子，哀傷依舊滲入我們的生活，我們開始覺得日子一天比一天難過。我們的傷痛越來越嚴重。我仍然無法相信克利斯死了，我常常自言自語地說了一遍又一遍：「克利斯死了，克利斯不在了。」我開始計算著意外發生後的日子，算著他過世了多久。每一天我都活得比前一天辛苦。距離最後一次看見兒子又過了一天，我不斷想，再不久就會是四十天，或者七十天，或一百天，然後天會變成年。我不覺得我可以支撐下去了。

沒有克利斯的家變得很安靜。以前他在家的時候，總是有他說話、大笑、唱歌、胡鬧、講電話的嘻戲聲，當然還有他喜歡的雷鬼音樂。凱莉和萊恩兩人加起來也沒有克利斯一個人吵。少了克利斯怎麼會這麼不同？當我替他做最後一件事：最後一次替他洗髒衣服，換下他的床單，整理房間，還有取消他的牙醫看診，我都覺得要崩潰了。只要有人提到記憶兩個字，我就會發抖。我痛恨這兩個字，因爲記憶就是我的所有，但克利斯短短的十八年，怎麼足夠我回憶一生？我開始寫下有關他的每一件事，我生怕有一天我會忘記。

比爾要工作，但他也像是設定了自動檔，麻木、機械式的生活著。他無法集中精神，也無法做決定，每天回到家都像打了敗仗那麼疲憊。我覺得很難過，希望自己可以安慰他，但我卻無力給他任何東西。我就是沒有任何力量。凱莉和萊恩回到學校上學，他們也發現很難如常生活。我非常感謝他們的好朋友能在身邊支持他們。

整天我就是坐著，把克利斯的死想了一遍又一遍。我需要找到答案。「那一刻，他痛嗎？」「他最後有知覺嗎？」「他有沒有哭著喊媽媽？」還有哲學性的問題：「他到了該走的時間了嗎？」「如果他那天留在家裡沒有外出，他還會死嗎？這一切是命定的嗎？」萊恩在喪禮後說了一些奇怪的話，他說克利斯在意外發生的一個禮拜前告訴他，當他在臥房瞪著地毯的時候，看見了自己的喪禮。克利斯說他看見他的棺木、花，還有哭泣的人們。我想：這是什麼意思？克利斯預見了自己的死亡嗎？

我也有困難繼續禱告，因爲我覺得自己被上帝拋棄了。但我的頭腦和我的感覺相左，我知道上帝是陪著我的。情緒上來說，我覺得孤單。我每天都爲家人的健康與安全祈禱，爲什麼這一次沒有用呢？比爾和我在醫院的時候，我們從來沒有那般虔誠地禱告過，但是我們的祈禱卻沒有實現。我是一個天主教徒，我一直都相信會和上帝在天堂相聚，我一直相信生命的永恆。當母親去世時，我的信仰支撐我，幫助我熬過那段時間，我的祖父母去世時也是如此。但是克利斯的死卻不一樣了。只有信心是不夠的，我需要確實地知道我的兒子在天堂。我需要知道他很好、很快樂。他是否和他認識的人在一起？我想知道當我對他說話時，他有沒有聽到？我想知道他是不是會回到家裡，在我們四周？「是不是他讓那些燈忽滅忽亮？」「是不是他把車庫的自動門弄得一會兒開一會兒關的？」當我們感覺到他的時候，我會想：「你眞的在這裡嗎？」

雖然我覺得空虛，但我還是不斷的禱告。我祈禱神照顧他；我祈禱上帝讓克利斯給我們徵兆，讓我們知道他就在附近。我相信上帝和克利斯永遠在一起了，我祈禱祂的慈悲，應允我的請求。

我每天閱讀有關哀傷、天使、瀕臨死亡經驗和死後溝通的書。這些書都很有幫助，因爲知識有淨化和洗滌心靈的效果。克利斯過世幾個月後，有一天，我看到一個電視節目「彼岸」。在那次節目中，一位叫做詹姆斯・范普拉的靈媒解釋了他與靈魂溝通的天賦。我在書裡讀過這種現象，但是親眼看到他的示範，令我非常驚訝。詹姆斯爲節目來賓通靈時所說出的細節，足以使我相信他的確是和靈魂溝通。詹姆斯在接連的幾個月也出現在節目裡，我把它們都錄了下來，讓比爾、凱莉、萊恩和我一起觀看。這些節目帶給我們希望，我們決定試著和詹姆斯聯絡，請他爲我們進行私人的通靈。

沒多久，我們從一個廣播節目中得知詹姆斯將在洛杉磯地區進行示範。比爾和我參加了這次的活動。現場差不多有兩百人，這是一次非常震撼的經驗。詹姆斯由觀眾中隨意抽出幾個人爲他們做簡短的通靈。那些由他們所愛的人從靈界傳來的訊息，帶給了這些人希望、愛和療癒。訊息中的細節證明了他們的的確確是在和已逝的摯愛溝通。

這次示範之後，我們立刻打電話預約。詹姆斯的約已經排到第二年，但沒關係，我們可以等。過了一段時間，我們接到詹姆斯辦公室的電話，有人臨時取消了預約。因此第二天，我們四個人懷著複雜的心情赴約。我們既興奮又緊張。比爾和我一直祈禱克利斯能夠出現，能清晰的和我們溝通。詹姆斯在門口迎接我們，他那親切的個性和仁慈的話語讓我們立刻輕鬆下來。他請我們坐下，禱告了一會兒，便開始了通靈。

「你的母親在那邊幫助他適應，她和他在一起。」

詹姆斯繼續說道：「你都叫他克利斯，而不是克利斯多夫。」

我點點頭說：「對。」

詹姆斯又說：「好！我現在請他過來了。我要告訴你，你的母親眞是有趣。她靠向克利斯，告訴他要正經點。她說：『別太炫耀。不要搗蛋。因爲他們很認眞。』」

我們緊張的回笑了一聲。

詹姆斯繼續說：「克利斯很皮，他很愛開玩笑，而且喜歡引人注意。他現在說，他們都是爲我來的。他有點臭屁，我是說他眞的很滑稽。他就是喜歡搗蛋。祖母正搖著頭，好像在說他眞是本性難移。」

「他就是這樣。」我說。

「是誰在看地圖？在開車的時候，是你在看嗎？」

我回答：「是的。開來這裡時，是我在看地圖。」

「你的兒子剛才試著幫你忙。他說媽媽總是會迷路。」

詹姆斯停了一會，繼續說：「克利斯帶來了幾位他在那邊認識的朋友。強納生還是約翰？他是誰？他和克利斯在一起，大約十九歲，是因爲毒品過量而死的。你們不認識他，可是你們會遇見他的父母，也許你們已經見面了。」

我說：「沒有，還沒有。」

「當時是不是車子出了狀況？汽車或摩托車？」

我回答：「是的。」

「他是不是撞到了什麼？」

我又回應：「是的。」

「是一棵樹嗎？我看見一棵樹。碰的一聲撞到了樹。」

「是的。」

「事情發生後，我感覺到的是沒有知覺。你的兒子失去了意識。我覺得是他的錯，他應該爲出事負責。這件事教導他要負責，還有，生命的可貴。」

我回答：「是的，他開車的時候睡著了。當時很晚了。」

「他說他很幸運有你們做父母，因爲你們瞭解他。他說愛就是讓那個人做他自己，走自己的路，並且知道你們會在身邊，愛他，讓他成長。他在『另一邊』也會繼續成長。我覺得他像是會惹些麻煩，他很皮，有點難搞，但不是故意的。他總是喜歡冒險、找刺激。他給我一種印象，你們從小就必須替他訂下規矩。你瞭解我說的嗎？」

我笑了，說：「對呀！」

「他若是不聽話就得回房間禁閉。但是規矩越多，他就越不乖。因爲他很叛逆。」

想到克利斯的叛逆，我們全都笑了起來。

「他說，他很抱歉他這麼叫人頭痛，給你們帶來這麼多痛苦和悲傷。他還要你們知道，他在『另一邊』正在學習『愛』。哦，他很愛你們，他說。他很高興你們今晚來到這裡，他要謝謝你們。」

我也很感謝自己來了。

「你是不是在動書架？」詹姆斯問。

我笑出聲：「是的！」

詹姆斯也笑了。「克利斯說：『天啊！她把那些架子都擺滿東西了。』他是看著你做的。你把家弄得很好。他和你一直在一起，知道嗎？」

「是的。我們最近搬了家，我還在整理。」

詹姆斯把注意力轉向我的女兒凱莉。

「是你嗎？還是別人？把一串玫瑰念珠放在他的棺木？」

凱莉說：「是我媽媽。」

「你從他的喪禮帶回一支玫瑰嗎？」

「是的。」凱莉回答。

「你把它放在盒子裡，還是夾在聖經？」

「我把它放在盒子裡。」

「他死的時候你是不是寫了什麼給他？你是不是寫了一封信或一首詩？你在喪禮上唸出來？還是你在心裡默默地唸了一遍？」

凱莉回答：「不是在喪禮上，不過我唸過一遍給他。」

「但是是你寫的，對不對？內容是你對他的感覺。」

「是的。」凱莉驚訝的說。

「他收到信了，他很喜歡你這麼做。你寫：『我永遠愛你。』這個讓他非常感動。」

凱莉聽到這裡，差點哭了出來。

「有時候他沒有向你表達他的情感，他把感情放在心裡，瞭解嗎？」

「是的，我瞭解。」她回答。

「但是你眞的牽動他的心，眞的。他說他的眼淚全爲你們保留。他好愛好愛你們。」

接著詹姆斯又對凱莉說：「你是不是有一個音樂盒還是珠寶盒？」

「我有一個珠寶盒。」

「你才有的嗎？」

凱莉笑了，再一次感到驚訝，「是呀！」

「猜猜是誰的主意？那是克利斯給你的禮物。它可能是你母親或別人送給你的，或可能你自己買的，但其實是他的主意，因爲靈魂會給別人買東西的靈感。」

凱莉說：「當我在目錄上看到那個珠寶盒的時候，我一直在心裡掙扎要不要買？最後我才決定買下來。」

詹姆斯繼續說：「他祝你學業進步。你弟弟很以你爲榮，他說你一直很看重學業，不像他總是在混，你很努力，他說。」

凱莉笑了笑：「沒錯！」

然後詹姆斯問：「誰有一部福斯車？」

萊恩回答：「是我們兩個的。」

「他告訴我：『你跟我哥哥提到福斯，他就會知道你在說什麼了。』」

萊恩說：「哦，是呀！」

詹姆斯轉向萊恩：「我必須說，你和你弟弟有種特別的緣分。你們好像不必說話就知道對方在想什麼。他要你知道這種緣分是超越血緣的，你們有許多世都在一起學習，你們一起回到地球，一起經歷人生。你知道，這很像一起上學，一起拿課。你和你弟弟之間存在著超越時間的愛。你瞭解嗎？」

萊恩點點頭。

詹姆斯繼續對萊恩說：「他告訴我當他死的時候，你咒罵他。你很生氣，你嚇壞了。你用手搥打牆還是什麼的，你記得嗎？」

萊恩回答：「是的。」

詹姆斯輕柔的對萊恩說：「你弟弟在意外發生後也很氣自己，你只是感受到了他的憤怒。他要告訴你，那並不是你。好嗎？他是不是都叫你萊？」

「是的，他是這麼叫我。」

「告訴萊，『我不是有意的。』他是不是喝酒了？」

「對。稍早的時候。」

「我有種感覺他喝了酒。他讓我有這種感覺，我必須告訴你我得到的訊息。我覺得事情是他的錯，他也認爲自己要負全責。你是不是有他的帽子？」

「是的，有好幾頂。」萊恩回答。

「但是你不想戴？」

「我不想把它們弄壞。」

「他說：『我哥哥把它們當寶供著呢！』他是不是有些紀念品？」

這次換我回答了。「我們幫他保管著。」

「是不是有一件夾克，還有一些他的運動衫？」

「沒錯。」我說。

「有幾樣東西你們不想別人碰或拿走，但是他不懂，他認為應該把他的東西給人使用。他很高興萊恩在穿他的襯衫。」

詹姆斯問萊恩：「你還需要一部新車嗎？」

我們大家心領神會地笑了。

「他說他會永遠愛你，並且保護你。他希望你從他的愚蠢中學到了一些事。他說你一直有想保護他的感覺，但現在他會保護你。」

詹姆斯接著說：「萊恩，別靠近摩托車。」

萊恩說：「我好喜歡摩托車。我有兩輛。」

「你弟弟說騎在平滑的地上要小心，一定要小心，你可能會摔下來。只在泥地上騎，別騎上馬路。抱歉，萊恩，但我必須告訴你這些。」

萊恩說：「我的確曾在有水的地上打滑，那次差點撞車。不過，我大多時候都在泥土地上騎。」

「克利斯會幫你找一輛車。」

萊恩很高興的說：「太好了。」

詹姆斯把注意力轉向比爾。

「你兒子老是在辦公室煩你。」

比爾說：「我知道。」

「你桌上是不是有他的照片？你注意到什麼東西被移動過或不見了嗎？」

「照片好像動過了。早上我總會把它擺回原位。」

詹姆斯笑了，「那就是克利斯在搗蛋。他說他拍你的肩膀，並且搖你的椅子。」

比爾會意的點點頭：「我的確覺得有人在戳我的背。」

「還有，燈是不是常常一閃一閃的？」

「他常常那麼做。他從一開始就在玩燈，現在還是。」

詹姆斯點點頭：「他跟我證實他的確常那麼做。他說：『我爸爸和我的溝通不錯』。他也常常到你的夢裡。」

「是的，我有好幾次非常清楚的夢見他。」

詹姆斯看著比爾好一會兒，「我看見你的四周有很多紫色的光，你很有靈性，靈感很強。你很適合做靈性工作。他告訴我你會做更多靈性的工作。」

比爾點點頭：「是的，我現在正是幫人做能量治療。」

然後詹姆斯問：「最近你是不是搞錯了一張支票，或者弄混了你的支票本？因爲你的兒子正在狂笑，他說是他害你的！」

比爾吆喝一聲：「壞蛋！」

「你家或辦公室是不是有安裝保全系統？」

「都有。」

「系統最近壞了。」

「是的，辦公室的警鈴系統幾天前故障，我還跑去查看，沒查出原因。」

「克利斯當時和你一起在車子裡。」

我們驚訝地聽著詹姆斯告訴我們有關兒子的事。

「你是不是有個傳呼機？他說他在玩傳呼機。你是不是曾經被呼叫，卻又看不懂訊息？」

比爾又笑了：「是呀！」

「猜猜是誰？」

比爾搖著頭說：「克利斯傳呼我時總是會輸入他的密碼。一天晚上，我們出去吃晚飯慶祝生日。有人傳呼我，顯示的是克利斯的密碼。我眞不敢相信，好像他在告訴我他也在那裡一樣。」

「他眞的在那裡。他叫你不要只做個爸爸，你也可以做個孩子！」

比爾的眼睛開始充滿淚水。

詹姆斯繼續説：「他説他要你知道，並不像你想的那樣痛苦。他謝謝我幫助你。他玩得很開心，感覺很好。他説他會再回來，重新開始。」

詹姆斯問比爾：「克利斯做過神父的祭壇助理嗎？」

「做過。」

「你們認識的神父中有誰過世嗎？因爲他在那邊遇到了某位老紳士，他以前曾經擔任這位神父或主教的彌撒助理。」

比爾簡直呆掉了：「是的，加拉弗主教，他是我們教堂的主持神父。他已經去世了。克利斯曾經做過他的彌撒助理。」

詹姆斯又問：「你們是不是用克利斯的名字做了什麼事？」

比爾回答：「是的，我們用他的名字在他的學校成立了紀念獎學金。」

「那棵樹是怎麼回事？他告訴我有棵樹作爲紀念或是什麼的。」

「萊恩在克利斯撞上的樹上放了個十字架，也有人在那邊放花。」比爾回答。

詹姆斯接著問大家：「你們有任何問題嗎？」

比爾立刻發問：「克利斯怎麼渡過他的一天？他有工作嗎？有事做嗎？」

詹姆斯回覆：「不要把他們的世界想成和我們一樣有日夜之分，因爲那裡沒有這些。有的只是白晝，沒有夜晚。他們也不需要吃或睡。克利斯與他同齡的孩子在一起，做所有那個年齡的孩子會做的事情。他常幫忙你們，他同時也學了很多。他還是學生嗎？」

比爾回答：「是的，意外發生後的一個禮拜他就高中畢業了。」

詹姆斯繼續，「他說向你們解釋這個有點困難，但是他正在學習他的靈魂的不同面向。他在做那些能幫助他靈魂成長的事。他目前正學習慈愛。他說：『我在幫助小嬰兒。』他很喜歡小嬰兒，他將那些到達靈界的嬰兒安置在合適的地方。他帶他們到照顧嬰兒的人那邊。他說他也協助那些並不知道自己已經死了的年輕孩子，像是那些驟逝於車禍的小孩。有時候人們死了，卻不是馬上就覺知自己肉身的死亡。他說他必須做這些來平衡他靈魂的功課。」

比爾問：「他回來看我們會很花能量嗎？」

「他說情況和你們所想像的不同。他會感覺很重，但是你們對他的愛是燃料，能幫助他回來，使他能夠停留。這種感覺像是坐在八呎水深的游泳池裡一樣。靈魂其實並沒有必要回來，這裡不是他們的自然世界。」

詹姆斯把他的注意力轉向我。

「在他死後，你是不是做了一個紀念壇什麼的，把他的照片和蠟燭、花還是十字架放在一起？」

「我把幾張照片放在書架上，我還放了蠟燭跟花。」

「你是不是常常坐在他的床上想他，替他祈禱？你是不是常常哭？」

我回答是。

「他希望你知道他很平安，你的祈禱都應允了。好嗎？」

我覺得鬆了一口氣，「謝謝。」

接著詹姆斯說了一些我們都沒有想到的話。

「你們是不是有一隻狗死了？因爲他說他現在和狗在一起。那是不是他的狗？因爲他和這隻狗之間還蠻特別的。他說牠和他在一起。這是不是你們想知道的事？他說你們會想知道這個。」

我瞪大了眼睛：「對！噢！我眞不敢相信！我們的狗，白蘭地，在克利斯死的前四天，也死在同一條街上。我們都很愛牠，尤其克利斯和牠特別親近，我一直祈禱克利斯和白蘭地能在一起。來這裡之前，我在心裡告訴克利斯，如果他在這次通靈中提到白蘭地，我就會確定來的一定是他了。」

詹姆斯的臉被笑容點亮，「太棒了。好，現在讓我們祈禱，結束這次的通靈。謝謝你們，我的朋友們，還有所有人的協助，使這份愛、喜悅、平靜以及令人安心的訊息得以傳遞。我們也謝謝你們，親愛的指導靈和前來幫助的靈魂，謝謝你們今晚協助將思想轉化爲訊息。我們也請你們幫助所有在場的人行走在他們愛與光的道路上。謝謝，祝福你們。」

這次聚會結束在大家相互的擁抱。在回家的途中，我們談到克利斯透過詹姆斯傳來的話語，大家都覺得精神高昂，心中充滿了喜悅和愛。自從克利斯死後，這是我們最開心的一天。我們不敢相信會傳來這麼詳細的訊息。毫無懷疑的，它證明了克利斯果然和我們在一起，他的確聽到了我們所說的話，還有我們爲他的禱告。他在另一個世界很開心，而且一切都好。這次的通靈就像是撥了通電話去天堂。我們簡直等不及要和親朋好友分享這特別的經驗。

最新情況

自從唐娜一家人來過之後，我們一直保持聯絡。她告訴我，全家人在這次的通靈後，開始了療癒過程。她說：「我們的絕望逐漸消失，臉上的笑容多了，淚水少了。我們還是非常想念克利斯，我相信我們永遠都會想念他，但知道他就在我們四周，我們可以隨時和他說話，實在讓人感到安慰。這樣的確認帶給我們內心的平靜與希望。我們現在知道，那一天死去的只是我們兒子的肉體，他的精神、性格、特質和靈魂，都是活生生且完好如初的。克利斯沒有死，他活在天堂裡，有一天我們還會跟他相聚。」

她說：「我對死亡也不再懼怕了。死亡不是盡頭，只是過渡到一個更好的地方——我們的家。知道了這一點，讓我和上帝的關係更爲緊密。有時，上帝給我們的禮物讓我們實際經驗到某件事，或是所謂的狠狠的踹我們一腳，像是一種直接且震撼的提醒，爲的是增加我們對死後永恆生命的信心。」

「克利斯仍然繼續以他玩笑式的風格，時不時的給我們一些徵兆——弄弄燈、開關收音機、讓我們聞到些氣味、移動東西等等。」

比爾和唐娜後來也來參加我的「心靈發展」課。他們每天都對自己的靈性有更多的認識。比爾擴展、增強了他以能量治療他人的能力並幫助了許多人。他們和其他失去所愛的人分享個人經驗，希望能因此安慰哀傷的心靈，就像他們曾被撫慰一般。

我唯一的兒子

透過「善心友人」（The Compassionate Friends），一個專為失去孩子的父母與失去手足者提供支援與協助的支持團體，我十分有幸地與成千的父母們分享過許多特別的時刻。然而，不論我進行通靈時所帶來的細節多足以證明他們是與逝去的親人溝通，失去孩子的父母仍會有種情感上被硬生生剝離的悲痛。對他們而言，生命中的一部分，已永遠不再。

瑪麗敘述了下面的故事。她是我在「善心友人」結識的一位母親。一九九四年，我在紐約為這個組織籌辦工作坊，她協助我安排許多事務。她的兒子前一年在一場車禍中喪生，瑪麗以親身的經驗幫助了很多承受喪子之痛的父母親。

* * * *

那是一九九三年的八月七日，星期六。在陽光燦爛的加州，又是一個好天氣。

我到加州探訪我妹妹一家，我先生和兒子彼得則留在東部。彼得剛剛由希拉克斯大學畢業，他和我先生費爾留在紐約準備求職的面試。彼得打算進入音樂出版的行業。我跟他在前一晚通過電話，他對某個已通過第二次面談的工作感到興奮。我向他保證，「就是你的了。」我一點也不懷疑他會得到那份工作。

當天，我妹妹和我決定開車南下到卡梅爾，到處走走，逛逛商店。我們必須趕回去參加外甥的道別派對，因爲他第二天就要到外州唸研究所。當天下午我們從卡梅爾回來時已經累壞了，於是決定放棄參加道別派對，打算叫披薩外送，看個錄影帶輕鬆輕鬆。當我們剛把帶子放進機器，電話鈴響起。那時是加州晚上九點鐘，紐約的午夜十二點。電話是費爾打來的，他說彼得死了。我聽到自己說：「怎麼可能？」—無法預料又不可理解的事已然發生。那一刻的驚嚇與無法置信，在我的心裡烙下一道難以磨滅的刻痕，那個傷痕深深影響了我此後的人生。

前一晚，彼得和幾個到紐約渡週末的大學好友一塊出去玩。當天天氣一直很差，到了晚上十點，因爲太無聊了，他們轉到酒館續攤。半夜兩點，彼得死在曼哈頓的高速公路上。一個年輕人因爲天雨路滑，車子失控，撞上了彼得的車。被撞後，彼得像個火箭似的由後窗飛出，當場死亡。車內共有四個男孩，三個受到輕傷，我的寶貝兒子彼得卻立刻死亡。

彼得是我們唯一的孩子，他和我有很特別的情感。所有的母親都愛他們的兒子，但是我們之間有種獨特的聯繫，這份和諧是最爲人稱羨的。我們好像心電感應溝通似的，總是能說出對方的下半句話，或是預先知道對方的需要。由於家裡只有三個人，常常有兩對一的戲碼上演。又因爲彼得的幽默感比我還犀利，所以總是我們兩人對付費爾一個人。只要我們聯手，可憐的費爾只有投降的份。在我的腦裡和心底都認定彼得絕不會錯，從他開始會爬以來，我和他就黏在一起了，他也知道這一點。彼得很欣賞我，在他的眼中，我很偉大，沒有任何事情難得了他的母親。我的生活近乎完美。是不是就是因爲太完美了，才會如此？

我相信彼德定義了我的定位。很多人會跟我爭辯，認爲這種觀點不健康。但對於那些失去唯一孩子的人來說，這是一個根深蒂固的事實。我的意思並不是我的世界只隨彼得運轉。我一直有非常豐富與充實的生活。我有自己的事業，由於分公司的業務，我和許多成功的人士旅行世界各地。工作的成果讓我有很大的滿足感，但是在輝煌與榮耀中，我最大的喜悅來自於我是彼得的母親。養育他、陪伴他長大成人是我最大的滿足。

彼得無條件的愛我，就像父母對孩子的愛一樣。這可不是件簡單的事，因爲人與人之間的愛通常是有條件的。彼得和我互相喜愛，我後來也聽到許多失去孩子的父母試著描述這類的親近聯繫，有些親密的親子關係是言語無法解釋的。彼得走後，我覺得自己被扔在一個孤零零的世界裡，那種特殊的愛與接納消失了。雖然有家人和朋友的陪伴，我還是覺得是獨自一人存在宇宙間。只有彼得能瞭解我的痛苦，但這種想法只是更加深我內心的折磨。在我心裡，我看見我們兩人都在無情的苦痛中翻騰。

我的母親在彼得去世的幾年前過世。我和她的感情就像我跟彼得一樣親密。去世前，母親的健康已衰退了一段時日，在最後的階段，我們有幾天談心的時間。我們聊了很多。在一切還來得及之前，能有機會和所愛的人好好的、沒有遺憾的道別，這樣的機會很少有，也很珍貴。媽媽曾經開玩笑地說，如果眞有來生，她會想辦法從另一個世界傳遞訊息給我。因此當她在一九八八年去世後，我一直等候她的音訊，然而沒有任何結果。另一方面，我妹妹則不斷告訴我她一直感覺媽媽在她身邊。想到母親可能已經決定永遠待在妹妹住的加州，我就很惱怒，也許母親認爲我們已經把該說的話都說完了，決定把剩下的注意力放在妹妹身上。

不同於母親的去世，彼得的死讓我面對自己死亡的問題。死亡成了我全部注意力的焦點，我需要知道關於死亡的全部眞相。我當時很確定我已經死了，除了身體還在運作外。這個世界上我最在乎的人已經在別處了，我也想儘快到那裡。

我開始閱讀所有談論死亡的書。我會一到書店便直接走到死亡與瀕死經驗的書籍區，從最上一層書架一直讀到最底層。每天一到了晚上，我的腦子開始回想讀過的內容，我發現所有讀到的東西，都符合我的信仰：彼得的生命還沒有結束。但我覺得我一定要確認這一點。

一九九四年的冬天，彼得死後六個月，我和先生在長島的房子渡過安靜的週末。那天，電視正播出「瓊李佛斯秀」，節目來賓是一位年輕的靈媒，他示範了他和「另一邊」溝通、接收訊息的能力。我們坐著，目不轉睛地專注觀看他爲觀眾席的志願者通靈，而觀眾們看來都確認了他所說的話。我立刻知道我必須找到這位名叫詹姆斯・范普拉的人。

彼得死後，我參加了一個名爲「善心友人」的哀傷支援團體，它的支會遍及全球。這個組織是使我活下來的生命線。在我看了詹姆斯出現在瓊李佛斯的節目幾週後，我在我們的集會上聽到詹姆斯要來紐約作示範的消息；他需要一個能容納一百人的場地。我立刻志願幫忙安排，心想這是一個能夠請他爲我做私人通靈的好機會。

一九九四年六月十七日，彼得驟然去世十個月後，我的願望終於實現。我期待以久與詹姆斯的私人通靈訂在晚上七點鐘。我整天都處於一個又緊張又焦慮的狀態，像是年輕女孩準備第一次約會似的。

詹姆斯很幽默，我也不遑多讓，而彼得的幽默感更不用說了。詹姆斯立刻就發現了這點。在兩個小時的會面裡，詹姆斯和彼得兩人好像玩得很開心，訊息不斷傳來，一次比一次清楚。

當詹姆斯一開始通靈，彼得就已在我身邊。

「你的兒子來了，他很有幽默感。他等著和你說話已經等很久了。他說外婆是第一個在『另一邊』接他的人。他常常和她在一起。」

我心想，「眞的是彼得嗎？」

「他告訴我你摺了一條毯子，想把它放在壁櫥的最上層，你費了半天力氣才讓它不掉下來。你知道我說的嗎？」

我很吃驚的說：「是的。」

「現在他讓我看一個醫院。你是不是和什麼人提到去醫院的事？」

這時我對詹姆斯說的話格外感到驚訝。來這裡赴約的前一個鐘頭，我才對人提到去醫院的事情。

「我必須說你的兒子非常興奮，他慢不下來。他給我看房子裡的許多箱子。他說當你在整理紙箱時，他就在你旁邊。他也看著你收拾照片。」

我簡直不敢相信！我收拾東西是準備搬到我們的夏日渡假屋。

詹姆斯繼續說：「他告訴我他非常想你。他愛你，而且想念你。」

「我也想你，寶貝！」我流著淚回答。

「彼得讓我看他的房間。他說你完全沒有動任何東西，他很高興他所有的東西都留在原先他放置的地方。他讓我看一面鏡子，四周有字。有東西掛在鏡子上。你知不知道他在說什麼？」

「我知道鏡子旁有他的畢業證書，但是我不知道有什麼東西掛在鏡子上。我回家後再看。」我開始確信是彼得在現場了。不然怎麼可能有人知道這些呢？我這麼想。

詹姆斯繼續傳遞彼得的訊息。「他告訴我房子裡有些東西要注意一下了。『客廳的一堆雜誌該丟了。』他說：『門會吱嘎響，叫爸爸修一修。』他告訴我，爸爸該做些事了，告訴他開始修理房子裡的東西。」

我很喜歡聽到彼得告訴我們關於生活的瑣事，這讓我相信他在看顧著我們。他要我們好好生活下去。

詹姆斯突然笑了起來，我知道一定是彼得說了什麼。「你是不是去過拉斯維加斯？」詹姆斯問：「還是大西洋賭城？」

「哦，是的。」我說。

「他給我看吃角子老虎。他告訴我他曾試著幫你贏錢。」

「不久前，我去過大西洋城玩吃角子老虎，但沒有斬獲。彼得從來沒有賭運，他爲什麼覺得他可以幫我贏錢？」

詹姆斯繼續，「他正告訴我有關棒球帽的事情，他有很多頂。現在他給我看貼在冰箱上的照片。他要你在廚房擺一件會響的東西，這樣當他出現時，你就會知道了。瞭解嗎？他也一直在移動客廳裡的東西，設法引起你的注意。我看見紅色，你的客廳是紅色的嗎？這樣說有什麼意義嗎？」

「是的，對我而言很有意義。」我在心裡對自己說：「好的，彼得，下次你再把紅色客廳架上的東西弄到地上時，我就知道是你了。很好，這是一個好提示。」

接著詹姆斯停頓了一會兒，繼續說道：「他讓我看到他的喪禮。他很高興他的朋友都去了，他很喜歡他們讀的詩，他知道那是你的意思。他很高興你沒有請他那位叫羅麗或者羅蘭的女朋友去。」

「是的，很多他的朋友、女性朋友、過去的女朋友都在彼得的墳旁哭泣。」

我很欣慰聽到彼得出席了自己的追悼會，那天眞的很特別。

詹姆斯接著說：「他說你站在臺上的時候，他和你在一起。」

「我站在臺上的時候，我以爲我看到氣流往上移動，當時我感覺是他在那裡。」

「他要你知道是他把玫瑰花束打翻的。那時追悼會已經接近尾聲。那是他說結束的方式。」

「我就知道！沒有人靠近那些玫瑰，忽然整束花一下子就倒下來，好像有什麼看不見的手把它們重重揮下來一樣。我那時就知道是彼得。」

詹姆斯傳遞的訊息準確度確實驚人。

通靈結束後，我感覺那天傍晚的確是和彼得一起渡過。回家的路上，我的頭輕飄飄的，然而有種和彼得眞實聯繫過的踏實感。我知道他很好。同時我也知道，能和彼此聯繫上，對我們兩人都意義重大。我完全相信了。我相信他很好，也相信他還在某處活著。

回到家後，我的心是自那個要命的電話以來，最平靜的一次。我到他的房間查看鏡子，發現彼德將他初中、高中及大學畢業帽的帽穗全掛在上面。我坐了下來，寫了封信給彼得。

親愛的彼得：

今晚我去見了詹姆斯．范普拉。自你走之後，我一直覺得要記錄下我的心情（在今天之前，我都是充滿絕望），我必須寫下發生的事情，還有我的感受。

首先，也是最重要的，在現在這一刻，我不再被悲傷和絕望淹沒。這樣的感覺讓我非常驚訝。我也不覺得孤單了。在這一刻，我相信你是和我在一起的。雖然一想到不能再觸碰到你、擁抱你，和你一起笑、一起哭，我仍有被哀傷打垮的感覺，但是，知道你常和我一起，常在我身邊，我感到非常安慰。

昨天一整天，我有種美妙的緊張，好像有個約會似的。感覺像是會見到你，我也很清楚的覺得，你在那邊和我有同樣的期待，雖然你那裡並沒有所謂的時間。我感覺你像是踱來踱去，等著我去找詹姆斯，好讓我們重聚。和詹姆斯的會面的確很美妙，他很讓人喜歡，因爲他有一種純眞，讓人很容易就信任他。

通靈雖然結束了，但我會繼續消化你傳遞給我的所有證據。隨著時間過去，我相信我還會有許多問題要問你。然而今晚我最想得到是你一切安好的證明，這是任何訊息都無法取代的，雖然我並不知道該期待怎樣的證明，但今晚，你確實讓我相信了你美麗的靈魂仍然活著。

所以，我親愛的孩子，歡迎你回來，不論你以什麼形式存在。我會盡一切努力生活，直到我們重聚。請告訴祖父，我記得尼加拉瓜大瀑布的事。我很高興知道你和外婆在一起。星期天就是父親節，你充滿愛的訊息一定會讓你父親感到安慰。我就深感欣慰。

我不期待自己未來的生活裡還有什麼喜悅。我想，在大多數的時間，我還是會在絕望的深淵裡。但今晚，我感受到一種奇特的保證，我們之間的關係還沒有結束，爲此我謝謝你，也謝謝詹姆斯・范普拉。

我愛你，彼得，我很想念你。我會試著繼續有尊嚴和優雅地活到生命自然結束的那天。但是我每一天都會期待著重聚的時刻，我簡直等不及了。

永遠愛你的

媽媽

最新情況

失去了愛子彼得，瑪麗經歷了非常難熬的時期，有很多次她都認爲自己撐不下去了。但是在她情緒起伏的過程中，她盡最大的努力去捱過心靈的煎熬。最近我曾和她聊過，她告訴我她忙於她的全職工作和善心友人曼哈頓支會的會務。她幫助其他的父母走過哀傷過程；她也抽出時間，透過寫作表達自己和她的哀傷。她現在是「曼哈頓善心友人會刊」的編輯。

瑪麗計畫寫一本有關哀傷支援的書，將她還有其他父母在孩子去世後生命如何改變的故事和大家分享。不工作的時候，瑪麗照顧長島住家的花園，「在花園工作是件很靈性的事。」她告訴我，「當我看著親手栽種的花朵盛開，我想到我的兒子彼得也在天堂成長。這裡是我們溝通的地方。在花園的安靜時刻，他總是會來到我的身邊。」

意外及災難

許多因意外和災難事件失去所愛的人常會問我的第一個問題是：「他們痛嗎？」答案永遠是：「不會。」當車禍、飛機失事或地震發生時，靈魂很快從肉體中釋放。某人可能在死前感到害怕或恐慌，但是在死亡的那刻，他的肉體並不會覺得痛，然而罹難者家屬對於親人喪生於這類災難往往難以釋懷。

意外和災難似乎已成了很普遍的事，也許和我們每天在電視上看到許多這類的報導有關。由於這種死亡是突如其來，完全的出乎預料，以人類的說法，就是還沒有到該走的時間，因此對生者造成的創傷也特別的深。

不會有人事先料想或準備好自己心愛的人會死於車禍或飛機失事。這種悲劇似乎太不眞切，你會以爲是不是什麼人搞錯了，把你和另一個在意外中失去親人的可憐人弄混了。

從前面痛失子／女的心碎父母的故事裡，我們已經瞭解到要面對這種突發的悲劇事件，絕對不是件容易的事。那種震驚非常強烈，絕大多數的家屬被打入萬劫不復的狀態。他們問爲什麼會發生這種事？又爲什麼是他們心愛的親人？這類問題通常會在他們心裡一段時日，而在震驚及麻木的狀態過後，活著的家人常會有很深的愧疚感：「爲什麼我沒有告訴他遲歸要打個電話？」「爲什麼我沒有叫她留下？要她將飛機改到第二天？」「爲什麼我沒有開車送他回家，而讓他自己坐車？」

如果意外發生的時候，你也在現場，那麼你會對自己的存活有罪惡感，「爲什麼死的是我的女兒，而不是我？」這類想法會令人痛苦萬分，很可能使他的精神狀態極度不穩定。同時，其他家人也可能會指責這個生還者。

突然失去孩子，對婚姻也會造成很大的壓力。悲劇發生後，丈夫和妻子分居或離婚並不是不常見的事。他們或多或少會責怪對方，也責備自己。他們無法適應失去孩子的事實。他們甚至無法和對方談論這件事。他們覺得自己該負責，他們甚至也無法忍受注視對方，深怕因此被提醒孩子已經不在的殘酷事實。對他們來說，這份對孩子的記憶痛得無法承受。

即使連往生者的手足也會覺得和家人的距離遠了。他們會想，是否死的應該是自己，而不是最受寵的弟弟或姐姐。做父母的由於哀傷過劇，對於還活著的孩子，常會忽略了他們的情緒。這些孩子的平日生活也會充滿恐懼：「如果父母不要我怎麼辦？」「我只會讓他們觸景傷情。」「也許我無法達到他們的期望。」他們感覺脆弱、無助與不安。這是為什麼我一再強調家庭成員要談論感受，讓情緒有個出口的原因。

從靈性的觀點來說，世上沒有意外。由這一章的通靈實例看來，靈魂總是在學習，而每一個選擇特定死亡方式的人，為的是完成靈魂發展的特定功課。作為人類的我們可能很難理解這點，但這卻是真的——沒有人的死亡是意外的。意外喪生是令人驚愕的悲劇，然而對死者及生者都是必要的經驗。所有的人都從這個經驗中學到了些什麼，也只有每一個個體才能夠知道他的功課為何。

療癒指南

＊允許自己走完全部的哀傷過程。

*承認自己的憤怒、恐懼和焦慮。這些都是屬於哀傷的一部分。

*不要爲了孩子的去世責怪自己。愧疚和責怪並不能讓你的孩子起死回生，它們只會使你更痛苦。你必須知道你不能控制生命中的所有事件。宇宙有一個更高的能量在主導。

*把你的創傷和痛苦告訴你的配偶及其他家人或朋友。你孤立自己的時間越長，你的內心就越覺得空虛。如果有必要，強迫自己去找心理醫生，或是經歷過相似情況的父母支援團體。

*幫助家中其他的孩子抒發他們的情緒。利用晚上或他們比較願意表達自己感受的時間和他們聊聊。也許他們會想寫首詩或畫張畫紀念過世的兄弟或姐妹。

*對你的朋友和親戚要多包容，因爲他們也在哀傷。他們可能不確定要如何應對這種情況，不知道該如何安慰你。他們可能會以你爲主，瞭解該如何反應與調適。

*你可以寫個祈禱文或一首詩，挑選喪禮或哀悼會的音樂。這些都是表達你對你的孩子永不消逝的愛的方式。

*保持身心健康。正常進食。散散步。運動。如果失眠，可以放點靜坐的錄音帶或幫助放鬆的音樂。有時候，一杯花草茶也可以達到放鬆的效果。

*你可以透過思想、做夢、說話或相片來和你已逝的孩子溝通。請記得，你那已在靈魂世界的孩子，可以聽到你的想法，並且感受到你全部的愛和痛苦。

*開始記日記。寫下你的感受，也寫下你對孩子的思念。隨著時間的流逝，你的回憶會是你的安慰。

*當假日和生日來臨時，花點心思去慶祝。表達你的感受，不要耽溺在悔恨與自責中。不要再去想如果怎樣就不會發生的可能。與其耽溺在悔恨裡，不如換個角度想，你的孩子正在靈界成長與學習。

*不要把其他的孩子和去世的孩子相比。每個孩子都是獨特且特殊的。

*不要太快就把孩子的東西處理掉，或改變他／她的房間。等你的心情比較恢復了，你有許多時間可以處理。

*開始探索生命的靈性面。對生命更大的圖像打開視野。禱告可以提升心靈，對你和過世的孩子都有幫助。你也可以學習一些關於生命和宇宙的新觀念和正面積極的想法。

*如果有人需要對你的孩子的死負責，請在心中找到寬恕。你所給出去的會回到你身邊。我們並不瞭解事件背後的因果業力。試著不要嚴苛地批判他人。請記住，愛能

帶回更多的愛。

＊爲孩子的生命慶祝。或許你會想贊助與孩童相關的慈善機構。或許你有能力或方法成立獎助學金幫助其他的孩子。你對社會的貢獻延續了你對孩子的愛，也是他留給這個社會的遺產。

＊嘗試一些你一直想做的新鮮事。

＊認知到自己事實上是堅強、有力量的，召喚這個力量將你帶回生活的常軌。

＊不要擔心，你一定會走過這個經驗。

＊當你回到天堂的家時，你就會和你的孩子團聚。你還在世的時候，愛就是橋樑。

最親愛的母親

當妳懷疑生命和愛的意義，要知道我與妳同在，
閉上妳的眼睛，感覺我在親吻妳，
像微風般輕撫過妳的臉頰。

當妳開始懷疑是否會再看到我，
靜下妳的心，聽我說，
我是來自天堂的輕語，訴說妳對我的愛。

當妳失去了生活重心，
當妳不再知道自己是誰，不知何去何從，
打開妳的心，看見我，
我是那閃亮的星星，正朝著妳微笑，
照亮妳旅程的道路。

當妳每天早晨醒來，
記不得妳的夢，卻感覺滿足與寧靜。
要知道我曾與妳在一起—
妳的夜裝滿了我的思念。

當妳徘徊於殘存的痛苦，完整的感覺不再熟悉，
想想我，知道我與妳同在，
隨著溫柔友人流下的淚，我觸碰了妳，
安慰著妳的痛苦。

東升的太陽照亮沙漠的天空，
奪目的光輝喚醒了妳的靈魂。
想起我們共處的時光，雖然短暫，卻光采耀目。

當妳相信我與妳同在，
當妳接受了妳的宿命，
知道是神為我們創造了那一刻，
最親愛的母親，我永遠在妳的身邊。

——瓊安・凱西阿多爾（Joanne Cacciatore）

第三部

其他形態的失去

第六章　離婚：婚姻之死

我們之中有多少人曾經歷愛情褪色的心碎？當愛情死亡，我們覺得自己被猛然甩到了一個充滿不確定又空洞的世界。我們感覺失落，我們經歷哀傷的過程，但是我們可能沒能認出那些徵兆。

離婚有著許多負面的意涵，沒有人喜歡這個詞，也沒有人眞的願意經歷它。不幸的是，離婚是生活中的現實；如同死亡，婚姻的結束也帶來心理及情感的創傷。那些曾經對未來共有的夢再也不會實現；空蕩蕩的房子；我們不再覺得完整。我們在情感上會經歷許多和喪偶相同的痛，因爲曾經一起分享的親密生活結束了。突然間，原來覺得安全的生活不見了，而你必須想辦法適應這個巨大的變化。有孩子的夫妻會有更深的失落感，因爲他們不再共同分享對孩子未來的期望與夢想。除此之外，你還要面對親友以及周遭人士對這件事的看法。

責怪常是離婚的第一個直接反應，家人和朋友通常也會選邊站，但這只是使情況更加嚴重。離婚後，你不單失去了另一半，感覺孤單，很快地，你還可能要面對親戚的冷淡，而那些已婚的友人也不再把你包括在他們的社交圈裡。你的傷害如雪上加霜，那種孤立無援的感覺是相當可怕的。

不幸的是，如同所有的失去，離婚從來不會在恰當的時間發生。離婚常發生在我們剛買了新房子或新車，換了新工作，甚至剛生了孩子之後。當生活有重大的改變時，常常會引發我們思考其他方面的問題：「我滿意我的生活嗎？」「我覺得充實嗎？」「這是我要的嗎？」「我對生命的走向感到快樂嗎？」如果一對夫妻的個人目標互相契合，他們感覺彼此是朝著相同的方向前進，婚姻之路自然平坦。然而，當他們覺得各自成長的步調不同了，或雙方目標相反，離婚似乎就成了唯一可行的選擇。

離婚通常是多年來對夫妻關係不滿意和不快樂的結果。常常一方覺得另一方在情感或情緒面沒有與他一起成長；有一方開始追求不同的興趣和目標，或是夢想及渴望有了改變，而維持現狀並無法實現自我。也可能一方或雙方對於對方提不起性緻；也或許他們瞭解到從一開始就不適合。

有時候社會的壓力也可能造成夫妻對婚姻生活的不滿或失望，譬如工作、子女和年老方面的問題。

離婚的哀傷

經歷離婚的人很自然會有退縮、受傷、悲哀、憤怒和絕望的情緒。這些也是當摯愛的人去世時，我們會經驗到的感受。此外，有些先生或妻子也會覺得被對方背叛。「她怎麼可以這樣？」「他爲什麼這麼對我？」他們通常會有某種程度的愧疚。「如果我多跟她說我愛她就好了。」「如果我能多陪陪他⋯⋯」「我眞不該令他失望。」這些都是很普遍很典型的反應。許多人把離婚看成是一種失敗，因爲他們相信他們應該可以做得更好。他們會自責，在內心製造各種聲音：「我早該知道會發生的。」「我怎麼這麼笨？」

離婚之所以發生，通常是因爲有一方決定要終結這段關係。在他或她的心裡，關係已經結束了。當然，在雙方做出最後的決定前，他們應該尋求婚姻顧問的諮商。父母是我們學習親密關係的榜樣，如果父母的婚姻不甚美滿，我們享有美好婚姻關係的機會也可能有限。如果我們在孩童時期沒得到足夠的關心與情感上的支持，我們成人後可能不懂得如何關心他人。假使我們曾在身體或情感上受虐，我們的內心會帶著這份痛苦，並且把痛苦加諸在他人身上。然而，我們絕對有能力拋開過往的種種負面能量。在踏上離婚這最後的一步前，尋求協助總是明智的決定。

當一方決定結束婚姻關係時，通常都是經過許多思考後得到的結論。如果某方對生活已沒有成就感，通常他會變得非常固執，對於對方的期望也不肯妥協。如果這段婚姻已不適合其中一方，他／她可能會傾向把感受壓抑在內心，不表達出來。到了這個階段，所有的溝通瓦解，只剩下憤怒及責備的情緒。即使是最好的婚姻諮詢師也難以調解。

如果你是被遺棄的那方，你必然感到很受傷。你可能會想是自己做錯了事，「是我不夠好。」被拋棄的一方，也通常會經驗到低自尊的問題。在某些情況裡，他會緊捉這份感情不肯放手，拒絕承認兩人的關係已經走到盡頭。很不幸的是，這只是徒然延長痛苦的時間，因爲否認只是壓抑深藏心底的憤怒及羞恥感。

業的牽扯

在感受上，離婚跟死亡差不多。我們因此完全失去了方向。我們受傷、捉狂、覺得被羞辱。大多數的人都是由這個層面來看待離婚，對其他層次的觀察較少。如果能從靈性的層面來看，離婚不全是如此負面。我和許多離婚多年的人談過，他們都有同樣的領悟：離婚是生命中重要的成長經歷之一。

從靈性的觀點而言，離婚之所以發生是由於兩個靈魂之間所需完成的義務。靈魂一起投胎人間，在特定的一世完成他們的約定。當我們初遇靈魂伴侶時，通常都會有似曾相識之感。我們直覺的被這個人吸引，然而結果可以有很多種。有所謂的天賜良緣，天造地設的一對——像前一章提到的瑪姬和巴迪，他們的靈魂充滿對自己和對方的無條件的愛。也有從一開始就註定失敗的關係：明知對方並不適合自己，卻會因某種無法解釋的理由被吸引——通常這表示彼此間有業需要解決，而靈魂的功課必須在雙方的承諾或婚姻關係裡才能完成。

靈魂會選擇以婚姻的方式化解、平衡因果，或實現前世的願望。兩人之間的業有可能不是一世就能平衡或償還的了。婚姻或伴侶關係的產生也或許是因爲當事者必須從親密關係中學習獨立與自愛，或是克服差異，學習自足與信賴的課題。靈魂常常因爲要償還前一世的義務而相聚，從我個人的故事，你們就會瞭解這點。因承諾而相聚，這是靈魂契約的本質，但這並不表示我們從此就可過著幸福、快樂的日子。

每一個靈魂來到人間爲的就是靈性的演化，每個靈魂也以不同的速度成長和提升。其實大多數婚姻的破裂是源於我們無意識的行爲，如果我們想要理解離婚的本質，牢記這點是很重要的。假使我們能退一步，從更廣大、更宇宙性的觀點來看，我們將會瞭解，我們選擇了這個特定的伴侶，就是爲了在靈性上有所進展。如果我們在離婚後始終怨恨不休，下輩子還是會回來重複這種經驗，直到我們學會了如何去愛爲止。

早有約定

我也曾有過非常沮喪和痛苦的離婚經驗。就像死亡，我想我們永遠不會完全從中復原或忘卻，只希望我們可以學著以正面和更充實的方式去重建生活。

我和凱倫在大學相識。我永遠也忘不了那個晚上。我因爲在期中才進學校，需要馬上拿到學分，因此加入了學校舞臺劇「和桑登肩並肩」的製作，擔任舞臺經理的助理。我的工作包括提示舞臺工作人員搬運道具的時間，還有用手電筒爲離開舞台的演員所必經的階梯照明。

第一次彩排的時候，我看著舞臺，等著爲第一位演員離場時打燈。我焦慮地握著手電筒等待。一位美麗嬌小的金髮女子進入了我的視線，她有著一雙藍眼睛和飽滿的臉頰，我一看見她站上舞臺，全身都起了雞皮疙瘩，我簡直沒法不盯著她看。當她開口唱歌時，有如天上天使下凡，我幾乎無法自持。我從沒見過那麼美麗、純眞又大方的女子，我感覺和她有種特殊的聯繫，那是我從沒有過的感受。我記得那一刻我在心裡對自己說：「有一天，我要和她結婚。」當時我對心靈現象、過去世和業力並沒有任何認識，那只是我單純對凱倫的感覺。

彩排天天進行，我也有機會進一步認識凱倫。剛開始的時候，她對我並沒有興趣，但是等到戲正式上演，每次她下了舞臺，我用手電筒一步步領她下階梯時，我倆都會相視一笑。她對於我的引導感到安心，因爲她的視力在一次車禍意外後便有雙重影像的問題。凱倫和我很快成爲朋友，不久後，我們便固定見面。我們一起吃中飯、吃晚飯、聊各自的背景、主修的課程、對未來的計畫等等。幾個月後，凱倫和我開始約會，我們很喜歡和對方在一起，我們一起看秀、觀賞舞蹈、到公園野餐，一起讀書、一起做功課。那是我第一次認眞的交女朋友，我內心充滿了幸福感。

我們的交往維持了近一年，從大一直到隔年夏天。我住的地方離凱倫有四十哩遠，暑假的時候，我會到紐約州去探視她。她的父母，就像大多數的家長一樣，對女兒有些過度保護。他們總是想隔開我和凱倫，即使我在每次拜訪時都盡量的體貼和討他們歡心。當時我覺得如果凱倫的父母能多瞭解我一些，他們會信任我，會爲我們的交往感到高興。然而，他們從沒有任何批准的表示。

暑假過去了，凱倫沒有回到學校。車禍帶給她比想像中還要嚴重的後遺症。她的背的狀況很不好，醫生說她需要盡可能多休養。當距離成爲阻礙，我們的關係漸漸褪色，最後走上分手的路。我的心碎了，不敢相信我們結束了，畢竟我認定我一定會和這個女孩結婚的！我有種被欺騙的感覺。

再轉眼已是十二年後。我從紐約搬到了加州，在派拉蒙製片廠擔任全職的片約助理。除了在部門忙著合約的事外，我也剛開始發展心靈能力，在其中尋到了一片新天地。那是在布萊恩・赫斯特說我是個靈媒的兩年半後。當時我活躍在靜坐的圈子，每天晚上下班後都爲人通靈。我的預約等待名單已經排到三個月後，而這還只是靠客人的介紹，我想這一定有些什麼意義。

每一天我都很期待傍晚的來臨，我深覺自己能和靈魂溝通是件很幸運的事。每晚我擔任人間和靈界的橋樑，我發現當我越深入那不可思議的靈魂世界，我越是覺得自己的身心都充滿了靈性的愛、溫柔和仁慈，我也就愈發希望傳送這些訊息，讓每個人都感受到這種美好。我覺得如果我能和他人分享我知道的，這個世界就會變得美麗神奇。當我看見人們和死去的孩子或摯愛家人的靈魂溝通過後，他們臉上那完全不一樣的表情，空間裡充滿著光與愛的能量，我就知道我找到了此生的志業。

在這偉大的體認過程中，我開始好奇多年前我與凱倫的關係到底是怎麼回事。與她分手後，我從沒有停止想念她。我幾乎像著了迷一樣，不肯放下對她的記憶，而這些纏繞不去的念頭有越演越烈的趨勢。似乎我對心靈層次越覺察，我就越想念凱倫。這眞是奇怪極了。我覺得我們好像有什麼事情沒有完成。這種想法越來越強烈，我常常發現自己在想著：凱倫好嗎？她現在在做什麼？

對凱倫的思念實在太強了，我終於決定採取行動。我打電話給紐約的電話詢問中心，請他們查一查她名下的所有號碼。不幸的是，至少有百分之七十五列名的紐約州用戶裡沒有和她相同的姓。我覺得很挫敗，但是我仍然有種必須要找到她的感覺，於是我仰望天，大聲說道：「親愛的朋友們，如果我註定要與凱倫重逢，向她學習些什麼，或完成什麼事情，那麼請她打電話給我。」

到現在我想起這件事都還感到背脊一陣涼意。我認爲我的請求是有些怪異，但是我必須得到答案。我相信如果這事早已註定，它一定會發生。

我這「詭異」的請求在兩個禮拜後，一個星期二的早晨六點得到了回應。電話響了，我從樓上跑到樓下的廚房，我的心裡充滿了可怕的念頭：有什麼人受傷了？或是誰死了？從這一點看來，我和任何人一樣，對這些胡思亂想和恐懼沒有什麼免疫力。總之，我接了電話，遲疑了一會，不想聽到電話另一端傳來的悲劇消息。不過，短暫的停頓後，我聽到十二年來不曾聽到的那有如天使般甜美的聲音。

「哈囉，詹姆斯，詹姆斯・范普拉？我是凱倫……，我們是大學同校同學。記得我嗎？」

記得她？如果她能知道我這一陣子是怎麼過的！我幾乎昏倒在地上。我一直問自己：「這是眞的嗎？」「我是不是在做夢？」「這是不是什麼玩笑？」簡單來說，我實在很震驚！奇異又神秘的靈魂世界聽到了我求助的祈禱，並且應允了我。

「哈囉，詹姆斯，是你嗎？聽不聽得見我說話？」

「是的，凱倫，你好嗎？我眞不敢相信是你。」我的兩眼發直，身上直冒汗。

「你知道嗎？很有意思，我想到你很久了，尤其是最近這兩個禮拜更常想到。上個星期，我碰到一個人，他正好認識你哥哥。我跟你哥哥聯絡，才拿到你在加州的電話。我希望你不介意我打這通電話。」

我很想盡可能的保持鎮定，但我忍不住老實招出：「我眞的很高興你打來。有趣的是我也常常想到你。你過得如何？你都在忙些什麼？你住在哪裡？」

我簡直沒法停下來，我希望能把過去十二年的時光都補上。我一口氣問太多問題了，急切的發問反令自己的心一陣顫抖，因爲我一點也不想聽到下面的回答。

「哦，我很好。我結婚了。」

我聽到了。不！不要！這不是我想聽到的話。我的心爲之一沉。

「結婚了！」我說，語氣有些刻意的疏遠。

「結婚了！」我高聲重複了一次，一次又一次。好像這樣就能改變現狀，把我們再帶回從前在大學時單身的日子一樣。

「是呀，我已經結婚兩年了，我先生在媒體工作。你好不好？你這一陣子都在做什麼？你知道嗎？這些年我一直想著你。」

當她承認說她也想我時，我覺得眼前閃起一絲希望的光。

「哦，沒什麼，我搬來洛杉磯，想做個情境喜劇的編劇。現在我在派拉蒙的片約部門工作。」

我不想提到我的心靈工作，我不想在我們剛開始聯絡上彼此的時候就嚇到她。至少，我想我們還能做朋友。我可不想她聽到我是個靈媒後，認爲我是個神經病。

凱倫和我愉快地談了半小時，我們聊著各自的經歷。她告訴我她是新基督徒運動的活躍份子。聽到這，我眞慶幸自己沒有把什麼都告訴她。

她說：「我一直回想我們那段快樂的時光，還有你的種種。」

我們開心的聊著，開著玩笑，回憶老友和愉快的陳年往事。交談的感覺很舒服，讓我確認了在這麼多年後，我們之間仍存在一種共通的瞭解。我們交換了電話號碼，約好要常聯絡。

接下來的兩個禮拜，凱倫和我通了好幾個小時的電話。我有點迷惑，因爲我知道她已經結婚，我們的友誼不可能有什麼其他的進展。我因爲很開心，不想戳破夢幻的泡泡，我把這種迷惑和恐懼合理化爲「只是聊得來的老朋友」。

然而，事情有了較嚴肅的轉變——凱倫決定到加州來看我。「怎麼可能？」我不敢相信，認爲靈魂世界一定在跟我開玩笑。兩個禮拜後，凱倫拖著兩個行李箱，下機的那一刻，時間好像停止了。

我們看到對方的那刹，碰！天雷勾動地火。任何人不必有心靈能力都可以感覺到我們之間的火花。凝視對方幾乎讓我們臉紅，但我們兩人都知道這感覺千眞萬確，而這次重聚可能是危險的開始。

那天晚上我們在當地的時時樂餐館吃飯。當我注視她的時候，我發現她幾乎沒有老，而且還保持著她那一貫的幽默和優雅，但在同時，我又有種痛苦的感覺，覺得眼前這幅景象並不完美，好像哪裡不對勁似的。凱倫繼續說著她在教會的生活，不過她承認教會並不能讓她內心感到完全的滿足。我在那一刻決定和盤托出自己的情況，我必須對她誠實。

「我是個靈媒。」我吞了一口口水說。我的眼神瞥向一邊，心裡準備好接受譴責，隨時被打入地獄。

驚訝的是，她張大了眼睛回答：「你也是嗎？哦，謝謝老天，我還以爲只有我呢！」我鬆了一口氣！我們就各自的心靈經驗及專長好好的交流了一番。

「我的教堂並不稱之爲精神體就是了。」她解釋道。

那是個既具啓發性，又有說不出的奇怪的一晚。我們兩個像是來自同源的親密靈魂又聚在一起，我唯一的念頭是：「現在我們該怎麼辦？」

接下來的一個星期，凱倫和我將事情談開，我們開誠佈公的聊。她坦誠她暫時和先生分居，也向我承認：「我對他沒有感覺了，覺得和他已沒有什麼關聯。」她說她需要一個關心她、支持她，一個和她有相同興趣的人。我想我正好符合這些條件。很明顯的，我們仍愛著對方，而且我們非常誠心的想在一起。我記得當時我抬頭看了看天，聽到來自靈界的聲音：「你可要小心發願啊！」

凱倫就此沒有回到東岸。她又感覺自己是自由且充滿生氣。她也不想再回到教會。我必須確定她決定留下來的原因是因爲她自己態度上的改變，而不是因爲我。我不希望製造任何業力影響。同時，我也不是很確定我想和凱倫有更進一步的發展，或是做出承諾，雖然我還是有應該要和她在一起的感覺。

凱倫訴請了離婚，我們開始住在一起。同住的幾個月裡，每天的感覺都比前一天更好。許多有趣的事發生，而奇怪的巧合也讓我相信我們是天生註定的一對。

透過我朋友的幫忙，凱倫在一家五百大企業工作。她很快地適應了新的生活。就像任何一對伴侶，我們開始越來越瞭解對方。靈性的話題是我們關係的重點，凱倫也開始參加我的靜坐圈子。我眞的很喜歡和她在一起，但總有些地方不太對勁，我也想不出來是爲什麼。有好幾次當我要離開一段時間，凱倫就會變得很緊張不安，甚至有自殺的念頭。她常常會說出像是：「請不要去，我很害怕。我不能信任我自己，我可能會傷害自己。」的話。

最後，這種焦慮和緊張發展成不斷重複的惡夢。在夢中她離開教會，覺得自己被遺棄。我們找了一位很棒的心理治療師爲我們兩人諮商。他花了很長的時間針對凱倫的遺棄問題治療。從各方面來看，治療算是非常成功。凱倫恢復了身心的健康，惡夢也開始退去。

我們的關係日益成長，親密感也越來越深，結婚看來是很自然的一步。我的內心不斷催促我娶凱倫，就好像命運如此宣告了似的。你可能會想，我身爲靈媒，應該很確切知道該怎麼做才對。然而，就像每一個人，我也有我的功課要學。要爲自己解讀是很困難的，因爲我的感情會阻礙和渲染了我對自己客觀的判斷。

當我向凱倫求婚的時候，她有點驚惶和憂慮。我把她的感覺解釋爲對於再婚的不安與疑懼。另一方面，我又覺得我們是註定要結婚的。我邀請靈界來協助我們作決定，我這麼祈求：「朋友們，如果這個婚姻是註定的，請給我們一些徵兆。」

我們保持心靈開放，這樣當徵兆出現時，我們才能夠認出來。幾個月過去了，我們決定去選婚戒。起初我們一直找不到想要的款式，在看了不下千支的戒指後，一天，我們走進一家位在加州聖塔蒙尼卡的店。一位名叫利歐，帶著濃重義大利口音的男士，非常友善的接待我們。我們告訴他想法，他微微一笑，帶引我們來到一個玻璃櫃前，展示一對婚戒。凱倫和我互換眼色，我們簡直不敢相信，那對戒指正是我們所討論的款式。於是我們請這位珠寶店的人替我們修改尺寸，約好了下個週末去取。

隔了幾天，我們在朋友家烤肉，提到已經找到了合意的婚戒，但還需要找搭配的訂婚戒的事。朋友建議我們打電話給她一位開珠寶店的友人，並且寫下了他的名字和電話。第二天，當我拿起電話打給那家珠寶店的時候，我覺得號碼有點眼熟，一位帶有濃重口音的人接起了電話：「專家珠寶店。」店名聽起來也很耳熟。我向他解釋了我想找的樣式，他建議我去他在聖塔蒙尼卡的店看看。我愣住了。難怪會聽起來那麼熟，原來那正是我和凱倫一個禮拜前去過的店。我問他是否認識利歐，他說利歐是他的父親。我心想，這一定是靈界給我們的徵兆了。

接下來的星期天下午，凱倫和我在購物中心閒逛。我說：「我們今天來看看婚紗好了。」

她轉向我說：「我不覺得我們可以在百貨公司找到我要的樣子。」

接著她又說了一次：「我還是不認爲我會在這裡找到我要的。」

「你要什麼？」我問。

「一件潔西卡邁克林托的禮服，鑲著象牙白的花邊。我在一本雜誌上看到的。」

心裡有數後，我們走進梅西百貨公司的雙層門，上樓直到禮服部。

踏出電扶梯，我們看見的第一個假模特兒身上穿的便是一件象牙白的花邊禮服。

凱倫停下腳步說：「就是它！」

我雙眼一亮：「你看吧！我就說吧！」

「眞漂亮，但我確定這不是我的尺寸。」

我們搜尋吊牌，發現果然是潔西卡邁克林托的牌子，尺寸寫著十二號。我們互視對方，吃驚得嘴巴都張開了。這是另一個來自靈界的徵兆嗎？

我們找到了一位銷售員，詢問她禮服價錢。

「這是最後一件，今天正好打折。」這下我可相信了。每件事都這麼巧妙的安排，我們的婚姻的確是天賜良緣。

婚禮在座落於馬里布海灘，面對著美麗海洋的朋友家舉行。儀式很簡單，我們自己寫的誓詞。最深刻的一個徵兆在我們背誦誓詞的時候發生了；兩隻鴿子在天上盤旋，直至儀式結束。那眞是美麗又感人的經驗，我會永遠記得。

凱倫和我渡了一個很短的蜜月，很快地回到我們每日的生活。我有一種很強烈的感覺，覺得我實現了某件事。我不知道該如何解釋這個感覺，但我就是覺得有件事完成了。

我們買了房子，選購全新的漂亮傢俱佈置新家，我們很享受裝璜的過程，我們還收養了兩條狗和幾隻野貓。然而，所有的傢俱和寵物似乎都沒有辦法彌補房子裡欠缺的東西。搬入新屋後，我們兩人的關係開始慢慢的走下坡。就像許多夫妻，每一個人學習和成長的速度都不同；我相信，這情形也發生在我們身上。我們的目標把兩人帶往不同的方向，隨著每一天過去，我們漸行漸遠。我們見了好幾個月的婚姻顧問，又試過了種種的伴侶練習，最後我得到了結論：我們的婚姻結束了。它只維持了一年半。一方面，我覺得我完成了什麼，雖然我不確定是什麼；在另一方面，我卻深深感到悲哀。

學習功課

不論是哪一方先提出離婚，婚姻都需要兩個人開始，兩個人結束。當我和凱倫的婚姻破裂時，我們都經歷了憤怒、愧疚和責備的階段。那是我這生中情緒受到最嚴重考驗的時候。有時我會想：「我根本不認識這個人了。」由某種層面來說，我覺得這一切簡直沒有道理；我付出了一切，希望能維繫婚姻，我那麼努力，但還是失敗了。我開始問：「這是我們在靈性面必須經歷的嗎？」「那些靈界的徵兆又是怎麼回事？」尤其後面這一點令我非常困惑，因爲我一直以爲我們擁有靈界的祝福，然而事實擺在眼前，我們步上分手之途。

爲了從這次痛苦的經驗裡學習，我必須爲自己的決定負責。我開始自問離婚的動機和意圖。

爲什麼這個婚姻令我覺得挫敗？
我覺得悲傷、寂寞、沮喪嗎？
我覺得凱倫和我不再有彼此相繫的感覺了嗎？
我們有相同的目標嗎？
我們是否尊重彼此的差異？
我們有沒有控制欲的問題？
我快樂嗎？
我的靈魂受到滋養了嗎？

最後一個問題最爲重要，遺憾的是，我的答案是否定的。如果一段婚姻造成感情、生理、心理，或是靈性上匱乏的感覺，當事者無法繼續停留在那個狀況裡。我瞭解到，我和凱倫是兩個必須從對方身上相互學習功課的靈魂。我必須把我們的關係看作是成長的機會，即使在當時看不出個道理。在悲傷及受苦之餘，我必須找到愛和喜悅。我必須在自己的內心找到快樂。

幾個月後，在友人的大力推介下，我去看了一位具天眼通能力的靈療師，麥克・塔木拉。麥克是一位具高度智慧及正確性的人。第一次見到他，我就知道他有偉大的天賦和洞察力。

初次會面時，麥克向我確認他從沒見過我，也沒聽過我這個人。我鬆了一口氣。我覺得如果他不知道我的身份，解讀可能會比較正確。

麥克開始了，他盯著我頭部上方看，並且上上下下揮動他的手指和手掌。

他問我：「你曾結過婚？是嗎？」

「是的。」我回答。

「這個女子身材不高。有頭金髮，捲捲的。對嗎？」

「是的，沒錯。」很明顯的，他接收到的訊息很正確。

「在你的四周，我看見她的能量。某方面而言，她仍然對你不捨。你和她剛剛清除了一個業的債務。我看到你們切斷了婚姻的聯繫，我瞭解爲什麼。」

「終於！」我在心裡想。終於有人來解答我的困惑，並且告訴我，我的婚姻到底是怎麼回事了。對於任何釋疑，我都會很感謝。

「請繼續。我很希望知道這件事的起因。」我說。

麥克解釋道：「是這樣的。在某個前世，你和凱倫是吉普賽人。你們一起乘著篷車，從一個村落流浪到另一個村落。那一生似乎就是你和她共同的前一次人世。她求你和她結婚，你也答應了，但就在結婚的前幾天，你突然退縮，離開了她。她非常沮喪，失去了活下去的勇氣。她憎惡自己，決定結束生命，於是喝下毒藥自殺。這個結果在你們之間引發了一個業債。在轉世之間，你答應要解決這個業的影響。你瞭解嗎？」

「完全瞭解。」我回答。

麥克繼續說：「你必須克服自己對承諾的恐懼，同時也幫助她相信自己的力量。」

麥克的每一個字都與我靈魂深處的心弦呼應。我覺得像從鏡子裡清楚地看見自己的人生一樣。我終於瞭解爲什麼在大學追求凱倫，且在分開多年後，對她仍無法忘懷，總有種需要和她在一起的感覺。麥克的解釋也說明了爲什麼凱倫有被遺棄、孤立，還有自殺的情緒。她必須再一次在人世經歷相同的感受，從中成長並且超越。她必須學習對自己有信心，而我必須幫助她。所有的事情都清楚了。靈界把我們聯繫在一起，使我們完成彼此間的因果義務，並從經驗中學習。知道了事情的原委，我對於我完成了承諾，感到鬆了口氣。也就是在那個時候，我對於我離婚的決定才沒了疑慮。我覺得我們兩人已經完成了需要做的事，可以自由的繼續人生。

我和凱倫的結婚與離婚，聽來似乎很簡單，但是要學習這門功課絕非易事。我們都是人，我們的想法和情感常會影響我們的判斷。我們都聽過這個說法：你需要跳脫你的想法。這的確就是我們必須做的事。我們必須放下「我是對的，你是錯的。」心態。爲失去的情感哀傷是正常且必要的情緒，因爲我們必須哀傷才能走出離婚的痛和陰影。很多人不瞭解因離婚而產生的種種感受都是哀傷的過程。一旦我們能認知到這點，或許我們可以讓生命自然流動，而不再緊抓過去不放，深陷在過去的陰影裡。

離婚後的生活

從心理的角度來看，重拾單身生活可能會引起內心很多焦慮和不安全感。最明顯的，是對失去財務的穩定性感到恐懼。整個家忽然只有一個收入，你不能再奢侈的花費了；如果你還要撫養孩子，壓力更大。在許多情況裡，離婚的人必須另覓額外的收入，但這只會使他／她更加怨恨，情緒上更覺疲憊。此外，你一個人還要包辦所有的家事雜務。你這時所經歷的哀傷過程和親人去世是一樣的，你覺得孤立，你會退縮並拒絕接受現實。你想，「這不可能發生在我身上。」否定感受是很常見的現象，因爲我們認爲如果我們沒有感覺，事情一定就不存在。我相信大多數的社會問題就是根源於被我們否認的感受。暴力及虐待事件常是因深度壓抑及否認的負面情緒而產生。

當你覺得孤立、寂寞以及麻木的時候，我建議你尋求朋友或是支援團體的協助。該是把那些感受放下的時候了。如果你一直緊握受傷、憤怒及自我嫌惡的負面情緒不放，這只會使你覺得難過，覺得自己一無是處。與其讓這些感覺滋長，你應該努力去尋找塡滿你內心空洞的方法。

如果你能開始面對自己失去了一段感情的事實，你就算是踏上了療傷止痛的第一步。不過你必須明白，這一路上還要做許多調整，但透過向外求援，你的傷口會慢慢結疤，往療癒的路上又多邁進了一步。當你可以對你信任及尊敬的人表達你的內在感受時，你會感覺輕鬆、好過些，這類心靈的洗滌對於靈魂總是好的。此外，當你和他人談論你的感受時，你會對事情有新的看法。他人的回饋可以幫助你用不同的角度看待問題，進而澄清你的一些困惑，也或許可以幫助你向這段感情或婚姻告別。

孩子與哀傷

在轉世之間，凱倫和我相互同意要清除彼此間的業。一旦約定完成，我們就沒有需要在一起了。然而，每一個情況都是獨特的。許多夫妻間的業包括了生養孩子。請記得，每一個家庭成員都選擇了他進入這個世界的狀況，包括父母離婚的孩子在內。雖然如此，父母在離婚時仍需考慮到孩子的感受、情緒、心理狀態及憂慮。

通常當一對夫妻發展到離婚的階段，大多數的孩子已親眼目睹父母好幾個月，甚至多年來箭拔弩張的衝突了。由於孩子比成人敏感，他們把所有的想法、情緒、事情的細節、看或沒看到的行爲，全都記錄進了潛意識。三歲的孩子就會把父母離婚的情感傷痕埋進心裡，因此不要以爲小孩對所發生的事是無動於衷的。他們將想法和情感深埋在心靈，四周的大人對此可能都還沒察覺。

年齡稍長的孩子情緒上通常會較忐忑，他們擔憂父母分開後，他們該怎麼辦？不論家庭裡有多少爭吵、虐待或是變動，孩子仍會想保有和父母在一起的安全感。孩子們不會用言語表達感受，但他們絕對會覺得不安：「我要到哪裡？」「誰來照顧我？」這種感受和有著喪親之痛的孩子相去不遠。

孩子可以感受到失去的痛，但他們不知道如何用言語表達，所有的情緒因此被內化且放大。通常他們會覺得自己在某方面有錯或脫不了關係，而這種想法會影響他們的一生。有時候，這些沒有表達的情緒會透過破壞性的行為表現出來。

父母離婚的孩子會覺得自己被困陷在無能為力的情況裡。他們愛他們的父母，但又覺得必須在兩人間做出選擇。你想，要一個孩子做這種決定是多麼困難的事？這對他們太難了。有時候，父母還會刻意地將孩子當做談條件的工具，讓孩子處於離婚的紛亂與折磨，這只是令孩子的內心更加害怕。許多父母最後對撫養達成協議，讓孩子與父母其中一位同住，而另一方則可以常來探視。

因死亡和離婚產生的單親孩子，在情緒上有許多類似之處。首先，他們常會自責：「我是不是哪裡做錯了？」「我是不是因爲不乖而受到懲罰？」孩子會有很多困惑，對事情的發生及結果感到不解，他可能會不知道該如何和別人互動；他可能會覺得尷尬，尤其在同儕之中。他們可能會想哭，但又不願意顯露出情感，因爲他們不想傷父母的心。孩子可能會變得愛生氣或情緒化：「我被遺棄了。」「我沒有能力改變這個情形。」「他們都不關心我。」

如果孩子是在有宗教信仰的家庭下成長，他可能會問上帝，「這到底是怎麼回事？」「是不是神在處罰我？」在生理方面，孩子可能會失眠，沒有胃口，或是對活動提不起勁等等。

每一個孩子在成長的過程都必須適應大人的行爲，即使是在最好的情況下，這都已經很難了，更何況離婚。有時因爲撫養協議的關係，母親可能會覺得她喪失了對孩子生活的控制權，也因此會變得過於干涉。她可能會告訴孩子的父親，爲了孩子，什麼可以做，什麼不能做。這種行爲在兩人之間形成一道牆。父親則因對母親不滿而對孩子的狀況有所保留作爲報復，這會讓夾在中間的孩子很爲難。做母親的是爲了孩子的好，她的控制欲其實是生氣及怨恨的顯現，但卻只是引起更多的麻煩。做父親的則很想和孩子建立一種特殊的關係，證明他作爲父親的價值。然而，他也可能因爲做出傷害前妻的事，反讓孩子誤解、不信任。

通常父母會因爲陷在自己的感受裡，無暇幫助孩子走過哀傷過程。父母也可能忽略孩子的感受，因爲連他們自己也無法適應離婚後的生活。父母必須要能控制住局面，注意到孩子的心情及行爲，只有他們能幫助孩子表達感受。

另一個離婚後常見的問題是父親或母親將新伴侶帶回家，孩子可能會因此覺得受到這個陌生人的威脅。「媽媽不愛我了嗎？」「我不夠好嗎？」「也許我礙事了，我最好離開。」除了孩子會害怕又失去與他為伴的父親或母親，感覺再度被拋棄外，另一方也可能批評或責怪那位新伴侶。所有這些糾葛只是加深了孩子心中的困惑與不確定感。在這種情況下，父母必須捫心自問最重要的問題：「什麼才是對孩子的心理和情感最好的方法？」父母要把自己放在孩子的處境，非常誠實的想一想。父母必須明白，孩子們不僅在情感和心理上吸收了他們的負面行為模式，心靈上也一樣受到影響。孩子不知道自己為什麼不愉快或消沉，他們就像海棉一樣，感受到父母的寂寞與不安。

在我的專業生涯中，我曾經為一些孩子做過通靈解讀。基本上，孩子們還沒有完全準備好去瞭解或表達他們的感情、想法，以及對心靈現象的敏感度。我曾經為一位男孩通靈，他很傷心教練的亡故。教練的靈魂向男孩保證，他在天堂很好、很安全。男孩聽後大為放心。

我想，大部分的孩子都希望知道和他們親近的大人離世後的情形。他們希望知道一切都好。他們希望知道沒有任何不好的事發生在熟識的人身上。當然，他們也會希望知道父親或母親在另一個世界安然無恙。

幫助孩子療癒

身爲父母，對孩子的情緒一定要敏感，尤其是在他們的生活有所變動時。和你的孩子聊一聊，讓他們知道發生了什麼事。告訴他們你眞心的感受，但是不要責怪另一半。你的孩子不是仲裁人，也不要讓他成爲婚姻中替罪的羔羊。

父母一方所能做的最糟糕的作法，就是對孩子隱瞞離婚的事實，這是非常不明智的行爲，對孩子隱瞞死訊也是一樣。父母以爲這樣能保護孩子免於心痛，殊不知孩子會覺得自己被摒棄在外，像個無關緊要的局外人。對待你的孩子就如同你希望別人對待你一樣。讓孩子知道他是這個家中不可或缺的一分子。根據孩子的年齡和他的理解度，設計適當的溝通方式。如果孩子還很小，也許用圖畫、照片，或者其他能夠與孩子的世界聯繫的方法，幫助他瞭解現況。如果他的年紀夠大了，那麼最好坐下來，面對面，開誠佈公的談一談。父母必須和孩子交談，幫助孩子表達內心的感受，瞭解他們關切的問題。然而，不要期望孩子能像成人般的對應或反應。

孩子比較不會用言語說出他們的情緒，他們傾向用行動表現，因此父母必須觀察孩子的行爲模式。孩子是否很情緒化？無精打采或凡事毫不關心？他是否總是獨自一人？是不是經常晚歸？做父母的責任就是要注意孩子的情緒和舉止，而不是反要他們像大人一樣安慰我們。

在婚姻結束時，你能做的最重要與最實際的事，便是表現你對孩子的愛、關心和支持。只要是能幫孩子表達哀傷與失落情緒的任何談話，都讓他們參與。繼續讓家有愛的氣氛。父母總是可以要求孩子用擁抱的方式來表達愛，這不但幫助孩子看到他在你的療癒過程中扮演的重要角色，同時，也強化了你們仍緊密相繫的感覺。孩子需要知道，不論生活如何變化，你對他的愛不會改變。

通常要瞭解孩子究竟是如何感受或如何哀傷是最困難的部分。有時候，好幾年過去了，孩子才告訴你，他覺得父母會離婚都是他的錯。這是爲什麼當事情發生時，你需要儘快和孩子討論的原因；不要讓孩子自責或愧疚。孩子需要你親口告訴他，父母的分居或離婚不是因他而起，也不是因爲他做錯了什麼事而受到懲罰。你不會願意看到你的孩子把這些負面感覺都積壓在心裡，導致日後用酗酒、吸毒或暴力的致命式偏差行爲來反映他的自卑感或自我鄙視。

在你和孩子們分享內心的感受後，允許他們詢問問題，並爲問題提出建議。你要讓他們有參與感。不論前妻／夫的情況如何，父母雙方爲了孩子的幸福，都有必要維持一個友好的關係。營造正面的氣氛，使你的孩子覺得發問和尋求答案都是安全的。

父母應該要對孩子解釋：不論父親或母親是不是和他們住在一起，對他們的愛都不會改變。讓你的孩子知道他／她是家中的一分子。最重要的是，時常向你的孩子保證他們是安全的，而且爲父母所深愛。

療癒指南

＊允許自己走完全部的哀傷過程。

＊評估你的婚姻。你的感受是什麼？仔細回顧所有層面：情感、心理、靈性和生理。

＊放鬆，靜坐。把自己帶入專注且平衡的境界。當你心平氣和靜下心的時候，所有的事情都會變得容易處理了。你能夠不被情緒干擾想法，能從遠爲清晰的角度及觀點看待事情。

＊停止覺得自己是個受害者。開始做自己生命的主人，而不是自憐自艾。

＊把正面的能量帶入你生命的各個層面。盡你所能的把這次經歷當成是更新自己以及

生命的另一次機會。

*學習放下。不再企圖掌控情況。把你的憤怒轉個方向，利用這股能量去正面性的處理所面對的狀況。

*以單身的身份開始新生活，建立朋友和社交團體的支援網絡。這可能包括了進修或轉換職業。給自己足夠的時間，嘗試每個感興趣的領域。

*透過書本、研討會、演講，甚至網路資源，多去瞭解離婚和哀傷帶來的影響。到處都可找到豐富的訊息；學習重建新生活所需的知識。

*放慢腳步，給自己時間。你不需要立刻完成所有的事。給自己應有的喘息空間。在還沒有走出哀傷，傷口尚未復原之前，不要投入另一段關係。這對新的感情絕對不公平。

*爲孩子建立一個新的家庭機制。離婚後，你需要重建家庭和你的單親角色，但不要用操縱或控制的方式。財務的安排、學業，還有另一方探視的時間都需要雙方的討論。爲了孩子的幸福，盡可能友好地來安排這些事。

*在決定新生活的過程中，參考孩子的意見。

*寫下你的感受和目前現況，以及你對未來的計畫。

*即使你不明白爲什麼會走上離婚這條路，你都要原諒你的伴侶，也要原諒自己。試著去瞭解對方的感受。認知到那個你曾愛過的人已經變了。放下，並且祝福他／她。這是你們兩人都要學習的功課。從長遠的角度來看，這對你們兩人都好。

*記得你永遠不孤單。愛就在你四周。你並沒有被剝奪愛的權利。你就是由愛所造，而這個世界到處都充滿了愛與被愛的機會。

第七章　人生的變遷

沒有人教導我們要預期人生中的失敗、疾病、貧窮，甚至變老。反而，我們一直被教導要追求成功，全力以赴的往前衝。但是當疾病或災難出現在人生的畫面時，我們該怎麼辦？絕大多數的人都會進入一種驚嚇的狀態，不知如何是好。這時，我們才發覺自己沒有調適的能力。

任何失去，即使不是攸關生死，對我們都是重要的。因此，我們究竟該如何面對生命中的種種危機和失落？答案是：我們哀傷。

當我們的生活秩序因所愛的人去世而瓦解時，我們立刻陷入悲悼與憂傷的漩渦。哀傷雖是自然的結果，也是件複雜的事，它涵蓋的層面遠比身體的死亡還要廣泛。

生活的種種經驗都可以引發我們的失落感。有些經驗是必然的，因爲它們逼迫我們改變，繼續往前，並且放下過往。然而我們之所以哀傷，爲的也是相同的原因。譬如年歲漸長，孩子長大離家發展等等，這些都是必然要面臨的失落。其他的失落則包括了慢性疾病、退休、失去工作、失去房子或存款；災難性的則有火災、水災、意外、無家可歸、殘廢、精神疾病、不育，以及照顧年長或生病的人等等。也有些失落不是那麼明顯，譬如喪失自信，失去記憶、自由、力量或尊嚴，或是無法達成目標、夢想破滅、期待落空，這些都是失去的一種。

我們每天的生活充滿了對某個人或某件事的執著與投入，我們的執著甚深，認爲這些人事物永遠都會存在。因此，一旦有什麼東西沒了或被拿走了——當我們的健康日漸衰微，我們的錢縮水或少了，我們的孩子搬出去了——我們都不免感覺失落和哀傷。

這些生命的必然經歷在情感上困擾著我們，但我們可能不知道自己感受到的正是哀傷必經的過程。或許我們會覺得自己根本沒有哀傷的權利，但我們必須瞭解失落會引發的感受和行爲，我們也必須理解，縱使哀傷是個辛苦的過程，經歷它，我們才得以成長。

生命是一連串情感的拉扯，其中自然充滿著緊張、不快樂和不確定的感覺。這種情緒的拔河處處可見。我們的生活也充滿了否認和退縮。有時候，我們不太瞭解爲什麼會感到沮喪、困惑、氣憤或被排斥。我們的習慣、早期童年的制約，還有自我影響，都會左右我們的情緒。沒有一個簡單的原因可以解釋我們的抑鬱。即使我告訴你想開點，也不一定有用。這都是你的選擇。從靈魂的層面來說，我們有承諾要實現，我們也有功課要學習。生命的道路儘管彎來轉去，都是學習認識自己的機會。

當生活因失去而瓦解，我們可以選擇繼續往前或退縮。如果我們把失落和悲傷的感受向心靈深處壓抑，我們只是讓無望和無力感更滲透內心。如果我們能勇敢面對自己的感受，從中學習，那麼我們就有機會超越痛苦。我們必須走過哀傷的過程，爲自己發掘在受苦之外等待著我們的機會。

這些年來，靈界教導了我一個深刻的教誨，那就是：我們來到這裡是爲了用愛和慈悲接納自己和周遭的世界。如果學會了這門功課，我們會較爲知足，我們會更喜歡自己，也會珍惜所擁有的一切。我們會瞭解變化雖無可避免，但仍有信心處理人生路上的挑戰。我們可以丟棄那些抗憂鬱的藥丸或酒精，或任何會麻木我們心靈的東西，因爲我們知道每個經驗都有其目的，而目的就是爲了靈性的成長。正如我在《與天堂聯繫》這本書中所說：我們來此是爲了靈魂的進展，這是這趟旅程最重要的事。

失去家園

因爲災禍、年老或經濟問題失去家，或是因爲新工作的需要而不得不搬遷他處，這些都可以是哀傷的起由。即使是出於自願，搬家也會是個壓力。它可以令人困惑和害怕。我們會希望自己做的選擇是對的，但是我們並不確定，因爲我們不知道未來會如何。如果我們是被迫搬離，內心的焦慮感會更深。不論是自發性或是被動遷離，我們都失去了自我認同的某部分。

在老家，我們有朋友和認識的人，但是當搬到新的地方，我們像是變成了透明人；沒有人知道我們，我們也不認識任何人。我們覺得不安、提不起勁、有時還會覺得混亂。房間裡都是箱子，沒有東西就位。我們會想：在這個新地方會遇到些什麼事？所有的一切都是不熟悉的，而人性卻有喜歡依附在熟悉事物的特性。我們懷疑什麼時候才能再找回那種熟悉與舒適感。我們懷疑生活會不會再回正軌。

做父母的還要考慮到孩子的感受。通常孩子比成人更難適應搬家，因爲他們失去了朋友和同學。對孩子而言，這是很難受的事。小學的時候，我的一個好朋友搬走了；他的父親因爲失業，全家必須搬去和親戚同住。那天我非常傷心，他也不快樂，但爲了家人他只好強顏歡笑。以前的社會，人們並不常搬家，因此搬家在當時是件大事。我們答應彼此要保持聯絡，他也曾打過電話給我，但就只有一次，之後我再也沒有他的消息，好像他從此在地球上消失了一樣。我確定他在適應新學校、新朋友，以及和親戚同住的環境時，一定有一段困難期。

通常孩子到了新環境會變得安靜、不合群，就好像被排斥一樣；他們覺得無法打入已經成形的團體。這種狀態對孩子來說非常可怕，因此他們在適應的第一年常常會「生病」，爲的是能留在家裏。孩子無法明確表達他們的感受，他們只知道他們不屬於那個環境。他們覺得失去了身份，因爲他們的自我認知被遺留在那個老舊、熟悉的環境裡。對孩子而言，搬家是件傷心的事，因此在搬家前後，父母親和孩子們談談是很重要的事。

搬家通常也意味著我們進入了人生某個領域的轉換與過渡期，例如更換職業或開始新工作。當我搬離紐約時，我花了好一陣子才適應了加州的一切。就拿車子來說好了，我必須有輛車，這是以前在紐約不需要的。此外，我需要交新朋友，因爲我在洛杉磯無親無故。在老家，我的朋友都是從學生時期認識的多年老友，但在西岸的新環境，我只是個虛幻的影子。我也必須找到維修汽車的修理廠、好吃的餐館這類的瑣事。基本上，我必須建立一個新生活。

剛開始的一段時間，我覺得很沮喪，因為我想念家人、朋友，還有所有我喜愛和珍惜的家鄉事物。「家鄉的人認識我；這裡沒半個人知道我。」「也許這是個很大的錯誤。」「我幹嘛要搬家呢？」這些想法不斷冒出來。然而，事實是我很想在電視界發展，建立一個全新的生活，因此我必須在娛樂界的大本營加州紮根才行。夾在焦慮與疑懼不安之間，我被迫決定究竟是要留下來實現夢想，還是打道回府，回到我覺得舒適的家？終於，我領悟到：就算有多痛苦，放下，都是必要的。差不多兩年後，我才開始有了家的感覺。

每當我看到新聞報導，許多人因天災或人禍失去了家園和個人財物時，我總是感到不忍，單是觀看這些消息就令人難過，試想那些親身經歷失去的人會有多麼痛苦。這些境況都是哀傷的時刻。

失去家園，搬到一處新地方，不論是在同樣的地區或別的城市，我們都難免悲傷、煩惱和失意。當我們有所失去，難過是正常的反應，但是我們經常連這種情緒也不會顯露，因為我們覺得要儘快讓生活恢復正常。如果我們必須搬家，我們就要在新環境結交新朋友，通常這意味著即使心裡不太想，我們也必須換上笑臉，在眾人前隱藏真正的感受。

不論我們是開始新的家、新的工作、新職業或新的生活方式，重新開始都可能令人感到無助。我們在生活的變動中看到自己的脆弱。從知道即將離開熟悉的人事與景物的那刻起，我們其實便開始了哀傷的過程。我們的感受五味雜陳：可能是憤怒、失望、恐懼、憂傷，或是渴望回到舊有的一切。

在哀傷過程中，不要試圖美化你的感覺。允許自己去眞實感受。一開始，你可能會先感到難過。等你到了新家，你可能會覺得麻木或漠不關心；你可能會對自己、配偶或孩子生氣。你的孩子可能會怨你；你也可能對他們不滿。但這些感覺都是正常的，它們終究會消退。

大多數的人都想避免失落和哀傷的痛苦。我們已經被教成要儘快從失落中恢復，找點事做，繼續生活。我們因此壓抑那些不符合社會標準與期望的內心感受。我越來越相信，這些被壓抑的感受，終將以暴力的方式呈現。我們因爲無法表達和紓解這些情緒，事實上，我們也不表達，或許是因爲害怕被別人看到自己脆弱的模樣。因此我們飆車，在路上橫衝直撞；在工作場所像個拚命三郎；甚至在回家後，把氣出在家人身上。

我們必須先尊重自己的感受與情緒，才能瞭解他人的感受。如果我們希望自己趕快從哀傷中好起來，我們就必須走過這些複雜的情緒。哀傷事實上是有益的，它幫助我們放下，向前走，並且適應新環境。當我們的想法和行爲越有彈性，我們就越能自我覺察，越能成長。

在我小時候，搬家並不是那麼普遍的事，人們通常固定住在同一個地方。如今，四處遷移是常有的事。我們的社會不斷變遷，人們從一地搬往另一地，甚至是另一個國家；家人之間也相隔遙遠。我們因爲停留在一處的時間短得無法紮根，對社區也就沒有足夠的感情與歸屬感。而歸屬感卻是使社區健康和茁壯所必須的情感。目前的社會雖然變動腳步快速，人性卻總是希望有所歸屬。

對於那些無家可歸的人，他們所遭受的強烈心理衝擊，可能導致精神上的不穩定和心境上的絕望。當我們在街上看到遊民時，我們會覺得難過，心裡會想：「老天怎麼這麼殘忍？」我們也可能覺得氣憤，因爲「怎麼會有人讓自己變成那樣？我可不想他們出現在我的社區。」我們把無家可歸的人視爲丟臉的一群，認爲他們大多數很骯髒，有些還酗酒、行爲不檢。

這個社會通常對遊民沒什麼同情心，因爲我們認爲他們可以爲自己做些什麼，只是不願意嘗試或努力。然而，我們全都是人間的過客，有很多人不能適應這個快速變遷的社會，也有些人放棄了，但這並不代表這些無家可歸的人比我們劣等或低下。事實上，很多無家可歸的人有心智或精神上的疾病，而我們卻把他們當成痲瘋病人一樣對待。他們不僅失去了家庭、身份和自我認同，失去了家人和朋友的愛，他們甚至也失去了對自我的尊重。請記得，每一位無家可歸的人都是某個人的親人或朋友。

有句話是這麼說的：「不要評斷一個人，等你先換上他的鞋走上一里路再說。」如果我們不曾與他人易位而處，我們很難切身瞭解他們的經歷和感受。如果我們無法做什麼來幫助這些無家可歸的人，至少我們可以爲他們送上正面性的想法，並且想像他們的靈魂健康而完整。請記得，我們全都是神性能量的一部分，我們在心理、情感及物質層面上的付出，會同樣回到我們身上。

面對疾病

當某人罹患重病或慢性病時，他面對的是自己生命必然的終結。他不僅會覺得體力及身體功能日漸衰退，他還面對了終極的恐懼——身體的死亡。一個最常見的反應就是他覺得不再能控制自己的人生。

對末期病患而言，他們會覺得自己在社會上所扮演的角色已經接近尾聲，他們沒有了未來；而他們的家人不僅要接受所愛的人生命衰微的事實，家人平日的生活方式也不可避免的受到影響。對於過往，他們有悔恨有自責，也有永遠不再的無奈。這是一種深沉的悲痛。我的母親中風後，就是這樣的情形。不只她受苦，照顧她的人眼看著她受苦，也自覺無助和一無是處。我們眼睜睜的看著一個健康的人就這麼垮了；我們無能爲力，唯一能做的就是讓她在日漸衰弱的日子裡盡量過得舒適。

除了心情上的苦悶，還有許多實際的事務要擔憂。譬如看醫生、看護事宜的安排，以及醫療的費用等等。家人可能會怨恨他們親愛的人爲什麼要生病？正常的生活被疾病瓦解，看著深愛的人健康日益惡化，我們除了擔心害怕，也想到自己面對疾病時的脆弱。剎那間，所有我們以爲規律的事物被連根拔起。

如果我們是照顧病人的家屬，幾乎一整天我們都在處理跟生病有關的事：打電話給醫生、檢測的事項、藥物、住院等等，我們沒有什麼時間能留給自己或照顧到自己的需要。我們不僅爲失去健康的親人感到難過，自己的生活步調也被打亂。如果病況維持相當一段時日，我們很可能會覺得這些日子都虛擲了。

在八〇年代的愛滋危機剛蔓延時，我曾經自願去照顧愛滋病患，因此對於看護病人我有親身的經驗。和許多其他義工一樣，我花上好幾個小時照顧病人的每日基本需要：帶他們看醫生，替他們拿藥，確定他們的三餐得到供給，協助塡寫保險單，去醫院探視等等。一段時日之後，許多病患都像是我的家人一樣。疾病侵蝕他們的身心，而我必須忍住難過，看著他們一個個受苦離世。

在很短的時間裡，我參加了不下一打的喪禮，就像戰爭，許多人的生命在那麼短的時間被死神奪走，實在令人心碎。最後，連義工裡也有人過世。幾年後，我不得不退出義工的行列。跟許多照顧病患的人一樣，我已心力交瘁。失去了這麼多病患朋友，我一直處於連續的哀悼狀態裡。從某方面來說，我覺得自己像是有始無終的離開一個未完成的工作，雖然要放下很難，但我必須往前走。另一方面，我也必須重拾自己的人生。我認爲所有看顧病患的人都會面臨這個兩難的抉擇；我們需要知道什麼時候該喊停，把棒子傳給下一個人，好讓自己能走出哀傷。

假使你患病並且面臨死亡，哀傷過程會更加沉痛。你瞭解到你已經不能像從前一樣掌控自己的生活，你通常也必須把醫療的決定權交到別人手上。當離開人世的時間步步逼近，這種感受實非言語可以形容。憂鬱沮喪是當事者的普遍心情。你被迫放棄希望、夢想，還有對未來的期望。你被定位爲一個病人，每件你做的事，或者別人替你做的事，都是從這個角度出發。

如果你在社區是個重要人物或曾在職場舉足輕重，別人再也不會以相同的方式看待你。如果你一直是家庭收入的來源，你會因爲覺得拖累了家人而感到慚愧。你的身份、地位、角色好像一時間全都不算數了，另一個新的身份取代了它們，它暗示你不再是個有用的人，反倒成了家人的累贅。而這個新身份會跟著你直到你生命的盡頭，它強烈的打擊你的自我價值感。

失去手臂、腿、視力或聽力的人，也會在相當程度上，感覺自己不如人和沒有價值。身體任何部位的截肢都會帶來深沉的哀傷，因爲我們是如此認同我們的身體，我們會認爲自己不再是完整的人了。

許多失去部分身體的人會認爲自己是個怪物，某部分的他們被切除，永遠不能恢復。這類的個案必須面臨許多和自我價值及自尊相關的問題。有些人成功克服了他們自憎的情緒，用另外一種新的、健康的觀點生活。有很多視障、聽障、坐在輪椅的人，都向我們證明了他們還是可以活出豐富的人生。這類的例子比比皆是。雖然身體上的確有些殘缺，但是我們的靈魂、我們的神聖性，還有我們的眞我永遠都是完好無缺的。

當女性得知自己罹患乳癌，必須做乳房切除手術時，她必然面臨許多複雜的感受。由於社會加諸於女性的壓力，女人會認爲失去了乳房等於失去了美，失去了作爲一個女人在性別與身份上的特徵。除了失去外在表徵，她們還要擔心癌細胞可能轉移。

我認識的幾位女士在回顧這個生命中的重大事件時，一致認為這是自我反省及自我覺醒的經驗。前不久，我的好友卡蘿進行了乳房切除手術。手術後，我詢問她的感受。

「詹姆斯，它讓我對自己的生命有了許多新看法。舉個例子來說，現在，我再也不會視任何事情為理所當然，我珍惜每一天。我沒時間八卦，我也不會花時間與那些只重物質表相、氣量狹小的人為伍。」卡蘿向我透露，她嘗試從生活中的每一件事找到喜悅。「切除胸部令我痛苦，但它也是個機會，讓我重新評估誰才是眞正的朋友。我這一生，很難從任何人那邊接受什麼。我通常是個付出的人，對我而言，做一個接受者簡直是不可想像的。但漸漸的，我意識到我這種只求滿足他人期望卻不為自身設想的模式必須有所改變。我一直以為我不應該替自己求些什麼。但我學到我必須去接受別人願意給我的愛，或任何他們想給我的東西。重新調整想法很困難，事實上，我常常要強迫自己去感謝別人的仁慈與幫助。我發現，以前的我並不相信自己值得別人愛，我甚至看不起自己。當時的我以為，如果我不斷替別人做事，他們就會多喜歡我一點，並且會認為我是個好人。其實我只是在欺騙自己。大部分的時間我覺得自己受騙而且充滿怨怒，我根本不覺得自己是被愛的。」

卡蘿提到手術後她很快的從否認階段走出。我對她能夠如此勇敢的處理與面對生活感到驚訝。回顧以往，我相信她現在有一個非常健康的生活態度。她不再被恐懼牽著鼻子走，她瞭解到她有機會去改變過去生活中的錯誤。她開放自己，比以前更勇敢大膽的生活。她告訴我：「知道自己不是自己的胸部，或是身體的任何部分，那種感覺實在太好了。我們是住在身體裡的靈魂，而靈魂才是需要我們去滋養和滿足的部分。」

卡蘿很幸運，她的惡性腫瘤是可以治療的。今天的她很健康，復元情況良好。當卡蘿面對很可能是致命疾病的時候，她決定要重新看待生命。罹患絕症的人必須，也終將對生命有些新體認。

我從靈界朋友學到的一件事就是：我們不只是肉體，我們必須開始注重生命的精神層面，尤其是向來對這方面漠視的人。改變的時候到了，上緊發條，說出以前你害怕說的話。和家人、朋友溝通，讓他們知道你的感受，但不要責備或是怪罪。我們因爲經常封閉自己的感受，不再懂得如何表達眞正的自己，然而我們永遠可以利用自身的病痛作爲留意並傾聽內心的契機。

在困惑的時候，你可能會感到孤單、害怕、憤怒、洩氣、尷尬、被棄和自憐，你也可能會嫉妒那些健康及充滿生氣的人。你的家人可能因爲工作量過多、生活狼狽慌亂，對情況感到難以負荷。如果你無法和家人傾談，那麼你最好尋求支援團體或心理治療師的協助。其他相關人士（如家人）最好也能如此。你必須意識到你和你愛的人都在經驗不同階段的失落和哀傷。援手永遠在你身邊，至於要不要利用這些協助來減輕你的痛苦，完全在於你。

即使你的身體已經非常虛弱，你仍然可以釋放多年來累積在心中的傷害與錯誤，或是曾說過的惡言或做過的惡行——你仍舊可以原諒自己，得到內心的平靜。面對並接受自己曾犯的錯誤，可以幫助你順利地進入另外一個世界。

要面對身體的疾病已經夠困難了，精神上的疾病帶給我們的壓力更是沉重。嚴重的心理疾病會戲劇性地改變一個人的生命。精神病的徵兆和症狀不僅令人難解，也令多數人害怕。

通常家人面對有心理問題的親人，會比面對生病的親人更難過和沮喪，因爲他們無法用正常、理性的方式來照顧他。精神疾病在社會仍是種污名，家人會試著對外隱瞞家中有精神病患的羞恥，並會怪罪患者令他受累丟臉。這種羞恥感可能會造成家庭的分裂；他們可能將病人送去精神病院，更糟糕的是從此斷絕關係，讓他自生自滅。

整體而言，心理疾病至今仍是社會的棘手難題。如我前面所言，許多遊民是精神官能症患者。有很多疾病都可以列入這個範圍，包括人格分裂症、躁鬱症、妄想症、憂鬱症、各類恐懼症、強迫行爲、創傷後壓力症候群、飲食失調症，甚至高齡也會產生某些精神疾病。心智疾病可能是因爲身體內多種化學物質不平衡引起。在有些例子中，甚至可能是中邪的結果。從靈魂的層次來看，生命沒有錯誤。但從人類的層面而言，摯愛的人因病無法正常表達愛與情感，身爲家人一定會感覺痛苦。對於這種難以理解的狀況，他們可能會用憤怒、焦慮，甚至是暴怒的形式來表達內心的哀傷。

我一位友人的表姐患有人格分裂症，我的朋友多次告訴我他們所面臨的困境，「這一分鐘，她很正常；但下一分鐘，她會突然失去控制，就像有什麼東西在她的腦裡一閃，她就變得完全不可捉摸、妄想和偏執。我們都想不通怎麼回事，也沒辦法就治療方式進行理性的討論，因爲她很怕吃藥，她認爲我們想用藥除掉她。我們只希望知道該怎麼做，但是束手無策。雖然外界願意幫忙，但我們就是無法讓她走出第一步。眞是又累又氣。家人都覺得好無助。」

當任何一種可怕的病疾毀掉我們原有的生活時，我們進入一種持續的哀傷狀態。就如同任何的哀傷，我們都必須走過，並且從痛苦及悲傷中尋找契機。我們必須將焦點放在更高的層次，因爲我們所有的經驗都有其目的和意義。或許我們要學的，就是如何多愛一些。

在天堂的朋友

好些年前，我接到一位女士的電話，她的名字是童妮・斯巴若。她希望我能爲她通靈，但她告訴我，她是爲母親歌羅莉亞打的電話。她母親生了重病，只剩短短幾個月的生命。剛開始時，我還以爲她弄錯了，她可能不瞭解我的工作內容，所以我請她進一步說明。

「我母親很怕死，我認爲如果你能爲她做次通靈解讀，或許可以減輕她某些焦慮，幫助她對不可避免的死亡有所準備。」

這引起了我的興趣，我告訴童妮：「這是我第一次做這樣的解讀，但是我想它會是一個送給你母親的好禮物。我很樂意爲你的預約盡快安排時間。」

幾天後，會面的時間協調好了。在接到電話隔周的星期四上午十一點，我駕車前往好萊塢山丘，我挨家尋找著地址，來到一個粉色系的小房子，我注意到有好幾個人在前院忙進忙出的。停好車，我走到門前。

一位中等身材，有著紅褐色頭髮的女子，帶著迷人的笑容跟我打招呼。

「請進，詹姆斯！」童妮說。她引導我繞過其他人，走進一間很大的客廳。我瀏覽著四周，和這些大而華麗的傢俱相比，我忽然覺得自己很小個。

「要不要喝點什麼？」童妮問。

「水就可以了，謝謝。」

很快地，童妮遞給我一杯水，然後牽著我的手，帶我去房子的另一頭。她用請託的口氣對我說：「她的狀況時好時壞。我想她今天還不錯，不太痛。我告訴她你今天會過來的事。她覺得我瘋了。我爲她做的每件事，她大都是這麼回應。有時候，她脾氣很大。她會咒罵每個人——她的醫生、上帝，甚至連狗也不放過。」

「對於罹患絕症的人來說，這是很正常的。」我回答：「他們覺得不公平，因爲他們認爲該走的時間還沒到。」

「所以，如果她對你大發雷霆的話，請見諒。她不是有意的。」

「不會有事的。」我向她保證。

我們走到走廊盡頭，進入她母親的臥室。我立刻聞到滿溢在房間裡的消毒藥水和各種藥物的臭味，我覺得好像走進了醫院病房，而不是住家臥室。我環顧四周，很快地注意到歌羅莉亞的床的周圍，活像張錯綜糾結的網，滿佈了從各類機器伸出的管子，看了叫人怵目驚心。在她的床右邊擺滿了藥、乳液、醫療用品，同時還擺著一張椅子，我猜想椅子是給全日看護用的。我也注意到有一堆毯子、枕頭、錄影帶、一台電視，還有很多照片。

每當我去探望重病的人，總會看到類似的家庭照片；家屬並不希望病人忘記他們是誰，家屬也盡可能的讓臨死的人在最後的日子裡過得舒服。

「你是誰啊？」從被單中偷窺的小頭，發出有力的聲音。

「我是詹姆斯。你的女兒請我來和你說說話。」

「媽，我告訴過你詹姆斯要來。記不記得希拉告訴過我們關於他的事？他就是那個能和靈魂說話的人。」

「天啊！簡直一派胡言。」歌羅莉亞說。

「哦，有時候我也認爲生命簡直就是一派胡言呢！」我刻意這麼說。

童妮吃驚的看著我，但是歌羅莉亞卻抬起頭來，好好地打量著我。

一會兒後，歌羅莉亞說：「我想和詹姆斯獨處。」

童妮終於瞭解了我的用心，她關上門的時候對我眨眨眼。

「我希望你今天來不是浪費時間，小詹。」她說。

通常我不喜歡別人叫我小詹，不過在這個時候也沒什麼關係了。我在歌羅莉亞床邊的椅子上坐下來，望著她的臉。她讓我想起電視劇「黃金女郎」裡的蘇菲亞，那個由愛思特．格蒂飾演的強悍瘦弱的老媽媽角色。歌羅莉亞簡直就像她的孿生姐妹，不僅個性，整體都像。

「你再說一遍你是做什麼的？」歌羅莉亞問道。

「我能聽到、看到已經去世的人的靈魂。他們還帶有原來的個性。他們會給我訊息，希望我傳遞。」

「嗯，我可不想聽那些鬼扯。不過他們會告訴我什麼呢？你認爲他們對人生有全部的答案嗎？我看未必。」

「你是對的，他們沒有全部的答案。在天堂的他們就跟在人間的時候差不多。」

「那麼，讓我們自求多福囉！」她嘲弄地說。

我們都笑了。我儘量讓她覺得輕鬆，我並不強迫她要接受我的信念。我們繼續聊了幾分鐘，直到我覺得她很自在。我可以感覺到她希望相信和靈界溝通是可能的事。歌羅莉亞就像世上大多數人一樣，她的理性主控了她看待周遭世界的方式，我希望今天的情形會有些改觀。

在我們談話時，我沒讓她察覺我已開始安靜的冥想。沒一會兒，我看見也聽見有好幾個靈體想要跟歌羅莉亞說話。我在心裡請他們慢下來，一次一個人，因爲我不可能同時替全部的人傳達。

「你在看什麼？小詹？」我聽見歌羅莉亞問。

「沒什麼，只是有幾個人站在你的床後面。」

「哦？是嗎？他們想幹嘛？」

我開始描述每一個靈體。

「有一位女士，我相信是你的母親。她很高興來到這裡，她告訴我你是她第三個女兒。她說特麗莎和她在一起。你的父親也在。她說你父親有一塊肥皀要送給你，因爲你一直是個乖女兒。你知道這是什麼意思嗎？」

我眼光朝下，看著歌羅莉亞的臉。她的嘴張得大大的，下巴都快掉下來了。我知道她非常非常吃驚。

「老天！你怎麼會知道？是不是童妮告訴你的？」

我拉起她的手，向她保證這些都是從靈界傳來的訊息，千眞萬確。

她停了一會兒，想了想我說的話，然後抬起頭對我說：「我是家中第三個女兒。我妹妹特麗莎很小就死了。我的父親東尼曾經營過肥皀工廠。在我小時候，他會從工廠帶幾塊肥皂回家，他說如果我乖，他就會把肥皂給我。」

歌羅莉亞顯然對我剛剛傳遞的訊息有些不知所措。我感覺她想把剛才發生的事情合理化，然而這是她無法控制的範圍。她思考了好一陣子，才開口要我告訴她那些靈魂還說些什麼。

「有個男士站在你的左邊。他的頭髮是黑色，摻夾著灰色。他給了我一個名字，麥克。你認識這麼一個人嗎？」

「我認識。麥克是我第一任先生。他喝酒喝死了。」

「我還覺得他也是抽煙抽死的。」我加了一句，感知到他的肺部有癌症狀況。

「你說對了！他總是叼根煙在嘴上，眞好笑。他是個老好人。怎樣，你混得還好嗎？麥克？」

我立刻說：「這兒很好，歌羅，我的船終於來了。」

我告訴歌羅莉亞，這些是我腦子裡聽到的話。

歌羅莉亞回答：「那是麥克最愛說的，『等我的船來了。』我以前都會回他：『你死了，你的船就來了。你死了，對我們都好。』」

歌羅莉亞披露麥克是童妮的父親，因爲他無法一直保有穩定的工作，維持不了家計。「我們離了婚，我帶著童妮搬回家和我媽媽住，但我們仍然維持親近和友好的關係。我怎麼可能一直對孩子的父親生氣呢？這是不對的。況且，他是個好人，只是沒有能力養家罷了，我能瞭解。」

「他要我告訴你，天堂等著你，你不用害怕。」

「如果他都能去，我當然也沒有問題囉！」歌羅莉亞大聲回應，說完哈哈大笑。

麥克又說了很多關於女兒童妮的事。他對童妮所表現的愛和關心感到驕傲。他說，到今天，他都還從童妮身上學習慈悲。

等我說完他的訊息，另一個叫喬的男子打斷我。「這個男士和你有密切關係。跟新澤西州有關。他要你知道，死亡沒有痛苦，而且非常自然。」

「對他來說當然容易，他是死於睡夢中的。我應該把他殺了，居然那樣離開我。」她加上一句。

「他是誰？」我問歌羅莉亞。

「哦，他是我第三任先生。他是個好人，不過老是喜歡告訴我怎麼做事。好像我是那種會聽使喚的人！」

我心裡想：「怎麼可能？我可是連試都不敢試。」

「他提到大西洋城賭場的事，他說你總是贏。有幾個朋友常和你們一起去。」

「對，貝蒂和厄爾。我好多年都沒想起他們了。」

「喬說他一定是在天堂裡，因爲他和厄爾玩五張撲克，每一次都贏。」

歌羅莉亞聽到後快笑翻了。童妮過來敲門，問我們是否一切都好？

歌羅莉亞大叫：「再好不過了！走開！」

說完轉過頭來告訴我，喬和厄爾生前常在一起玩牌，「喬總是抱怨厄爾老是贏他。喬討厭輸，他認爲厄爾一定是作弊才會贏。」

「喬說他剛到的時候好驚訝——所有的事物看起來好眞實，一切都好自然。他說：『在這裡，每件事都是恰到好處，沒有不協調的地方，就算有，你也會立刻注意到。沒有什麼東西是粗糙的，全都渾然天成且細膩有致。沒有人需要去擔憂任何事，因爲所有事情都被照顧到了。反正就是天堂應該是的樣子。』」

歌羅莉亞不斷邊搖頭邊說著：「眞好！」

突然間我被一位出現在我右方的女士聲音打斷。

「有一位叫做貝蒂的女士來了。」我對歌羅莉亞說：「她要我告訴你，她把藍色的洋裝準備好了，等著你過來穿。你看到她的年輕模樣一定會嚇一跳。」

歌羅莉亞一直在想我說的話，有好幾分鐘都很安靜，然後，「天啊，那件藍色的洋裝。你怎麼會知道？」

接著，歌羅莉亞告訴我一個故事。「年輕的時候，貝蒂和我一起工作，我們每天都一起到外面吃中飯。在途中，我們會經過那麼一家服裝店，櫥窗裡掛著一件漂亮的藍洋裝。我想大概是從巴黎或義大利進口的。我們兩個經常想像我們穿上了那件衣服一定美呆了。我們約好，誰先加了薪，就買那件衣服送給對方，作爲友誼的象徵。你說棒不棒？」

歌羅莉亞對著空氣發呆，好像回到了那個時光。

我又繼續了約莫半小時，傳達了一些很感人的細節，歌羅莉亞統統都聽進去了。我知道她已不再害怕死亡。當我從她的床邊站起身時，她整個人都好像還沉浸在開心的氣氛裡。我相信她已瞭解到身體的病痛只是短暫的，她也知道她曾有過精彩的日子，這一生沒有白活。她的臉、她整個人，容光煥發。她看來好像等不及要和家人及老朋友聚首。

「小詹，謝謝你！謝謝不足以表達，但我還是很謝謝你帶給老婦人一些內心的平靜。」

我覺得很感動，眼淚在眼睛裡打轉。

「小詹，可不可以請你幫我一個忙？我不想給我女兒童妮留下太多煩惱，我想幫她。

在我走後，如果我想和她說話……你……」她的話沒完全講完。

我完全知道她想什麼，「我會非常期待再和你交談，不論你在哪個世界。」

歌羅莉亞再度謝謝我。這次她並沒有多說什麼，只用她那美麗的眼睛，還有緊握的手來表達。那一天，我的心滿滿的，帶著充實的感覺離開。

最新情況

歌羅莉亞平靜的在睡夢中過世，就像喬說的，沒有痛苦的死亡。那是我們會面後的三個月。她的女兒打電話給我，我們安排了另一次解讀。通靈一開始，她的母親就告訴我們她已經不再感覺痛了。

「現在我的眼睛看得也很清楚。」歌羅莉亞說：「我比在世的時候對生命有更深的瞭解。大家都和我在一起：喬、麥克、貝蒂、厄爾、爸爸，還有媽媽。」

歌羅莉亞解釋，她學到她的病痛是她的靈魂給她的禮物。

「我必須要學習我不能掌控生命中的每一件事，這也只有在我生病的時候才能學會。現在我對他人有了比較深的諒解和悲憫心。下次我回來的時候，我會以更體貼的方式對待在相同處境的人。」

童妮很高興聽到母親將病痛看作是靈魂給她的愛的禮物。

「這點教導了我要接受愛，接受事物的本來面貌。」歌羅莉亞補充。

我告訴童妮：「你的母親現在明白，她曾經想控制你的人生，這是不對的。她說要把每一天都當做是最後一天那樣生活。活出你生命的最大可能。」

歌羅莉亞繼續說到她對生命的尊敬和新的看法。「愛不是選擇，而是我們生活的準則。」她這麼說。她提到以前沒有做的事，還有許多她曾做的事。她謝謝女兒爲她設想，在最後的日子裡，帶給她舒適與喜悅。

「她說她現在的的確確在天堂，因爲她很快樂、滿足，而且被愛。她一直在看顧你，還有她在世上所愛的人。那些現在和她在一起的人都非常照顧她。」

歌羅莉亞最後說：「我現在身上正穿著貝蒂答應給我的那件可愛的藍色絲質洋裝！」

中年危機

有一次，我問一個剛滿五十歲的朋友：「你老了後想做什麼？」她回答：「變年輕！」我想，在一個極度強調青春的社會裡，我們全都有類似的願望。我們覺得一旦過了四十，人生就開始走下坡，可以準備「告老還鄉」了。

直到去年以前，我連想也沒有想過自己會老的問題。我去年在二十個城市巡迴發表我的新書，這表示進行許多與靈魂接觸的解讀、工作坊、簽名會、參加電視和廣播節目等活動。每天我幾乎在不同的城市間穿梭，有時我連下一站去哪裡都不知道。遇有中途的空檔，我便去東部探望父親，幫他處理一些他力有未逮的事。當我回到西岸的家，我必須開始寫這本書。此外，我也有私人生活要兼顧。我們都有覺得負荷過重的時候，但是這次，我卻覺得累壞了，好像氣都喘不過來似的。

這個經驗讓我深切體認到，我已經不是二十幾歲的小夥子了，我的精力已經不再。要承認自己的身體機能開始減緩，那種感覺很奇怪，但我實在無能爲力。老實說，那不是一時的低落感，而是一種殘酷的覺醒。

這個狀況讓我懷念起我的青春歲月，那種覺得還有大把生命在前方的感覺。

人到中年，我們會經歷許多和青春不再相關的失落感。有些男人選擇用開快車，與年輕、漂亮、令人興奮的女性交往來抓住青春的尾巴。他們很快地走入離婚法庭，以爲另結年輕的新歡便可以取代因失去男性魅力及性感的遺憾或焦慮。女性則選擇整型美容手術和抽脂，因爲她們相信美麗是代表自我價値與自尊的迷思。不幸的是，雜誌、電視和電影等媒體傳遞的訊息，只是讓這種錯誤迷思繼續在女性的潛意識發酵。

中年也為人生帶來許多不確定感。男性可能覺得工作隨時不保，不知道哪一天就會被更年輕、薪資較低的員工取代。這類消息天天可在新聞裡看到：大公司縮編、辭退中年雇員藉以降低成本，支撐企業的股價。對男性而言，失去工作尤其難以適應，因為他們的自我價值感和工作緊密相連。就算他有足夠的金錢可以生活，失去了他長久以來辛苦工作的成果，無法再擔負起責任，他總是會有很深的焦慮。

中年男子也常常會回憶起過往，覺得那時候事情好像比較單純、沒現在這麼混亂，壓力也較輕。他們可能會覺得失落、被遺棄、感覺自己不再重要。此外，他們還要面臨一項身體老化的徵兆——禿頭。男士們很難適應這種失去，它絕對是對自我形象和自尊的一大打擊。對許多男人而言，掉髮象徵著他們男子氣息與精力的喪失。由於許多價值觀都與外貌相關，我們變得只和鏡中所見的自己認同。

另一方面，中年女性經歷更年期也會有明顯的改變。在這個時期，女性身體裡化學物質的變化，引發了許多複雜的問題，這些問題包括了無法生育、身體活力的降低，失去對性的興趣等等；情緒上的憂鬱以及心情起伏會使女人覺得她們「失控」了。

每個女人的更年期經驗都不同，有些人沒什麼問題，有些女人則很難適應。由於很多女性對「老」本身已有負面的看法，她們怕自己因此不再重要。

我們的態度絕對會影響我們如何生活，因此與其生活得擔憂害怕，我們可以選擇相信：隨著年齡的增長，我們只會越來越好。

除了這些心理上的衝擊，有些女性還要面對生理的問題。子宮切除手術就是其一。正在考慮結婚的二十多歲女子，如果必須切除子宮，那種衝擊是非常巨大的，她對未來的計畫因此被戲劇性的改變，她必須去思考如何讓自己的生命不虛此行。同樣的事對一個五十多歲不想再生育的女性來說，情況就很不同。

我曾經問過我五十二歲的朋友艾黎卡，在切除子宮後，她對自己的感覺如何？她回答：「不好受。我曾經痛苦過，但是我走過來了。我寧願不要有這種經驗。」很幸運的，艾黎卡在情緒上並沒有經驗到每個人告訴她會有的劇烈變化。無論如何，有些女人可能會因此消沉，因爲她們正經歷哀傷的階段。

到了中年，女人還要面對難熬的空巢症。我想許多母親在她們的孩子離家時，都會有強烈的失落感。我記得我的朋友蜜雪兒告訴我，她的女兒離家搬到巴黎居住之後，她每天就在房子裡走來走去。她說：「我會走到她的房間，站在那兒，呆呆的望著。想到我的小女孩長大了，住在很遠的地方，眞叫我難過。我覺得好孤單，我想到的都是我們在一起的快樂時光。我像是失去了最好的朋友。」

父母認為孩子就是他們的延伸，所以在孩子長大後，要與孩子分離對父母是很困難的事。有些父母會變得很擔憂孩子的安全和幸福，他們覺得失去了控制力。然而，我們之所以放手讓孩子走的部分原因，就是讓孩子成為獨特的個體。我們對孩子雖然懷有夢想和期望，但是應該由他們自己決定要做怎樣的人。我們必須放手讓孩子走，這樣他們才能學會獨立自主。

孩子長大離家是哀傷的時刻，同時也是豐收及自由的時候，不僅對他們，尤其對我們自己。孩子長大了、獨立了，我們可以再次追求自己的人生。照顧家庭的責任和需求少了，我們有更多的時間和自由做想做的事。結束了這個人生階段的哀傷後，我們可以用樂觀且熱切的心情迎接人生的新階段。

年輕的時候，我們常以為事情永遠不會改變。我們從來不會想到生病或年老。等我們到了四、五十歲，我們會開始回顧，然後奇怪所有的時間都跑到哪裡去了？我們瞭解到有些事情永遠也完成不了：參加奧運的夢想結束了；我們可能被裁員，覺得要東山再起也已經太遲。或者更糟的是，要和一個二十來歲的小夥子一起工作。我們無可避免的要面對退休、收入減少、失去權力及地位的事實。我們也可能因為不能再擁有或期望某些事物，而感覺被人生壓垮了。

不能再擁有年輕時的抱負會引發許多感受。對自我或人生的不滿，還有夢想已死的絕望。我們想著那些「我應該這麼做」「我可以這麼做」「早知這麼做」的事；我們對自己所犯的錯感到後悔。有些人會覺得生命就是一連串的失望，我們奇怪屬於自己的名、利與勝利跑到哪去了？然而，並不是每一個生命都會以這種世俗的方式實現。我們必須明瞭：人生的經歷是爲我們靈魂的發展而設計的，生命的得失並不是以塵世物質的獲取爲評斷標準。

我們也可能會開始認爲年輕人跟我們說話的語氣像是我們又笨又遲鈍。我們會生氣、發抖，也有些害怕。我們可能覺得自己快要散了似的。每分鐘我們都可能心臟病突發。到了後來，我們覺得自己過時了，該被淘汰了。

我們越在意所失去的事物，我們的哀傷就越深。有些人在成長過程就已經面臨了較多的障礙，接受老化的事實對他們更加困難。然而，人生到了某個階段，我們都必須學會放下年輕的自我形象，接受中年的美麗。我們必須這麼想：「每個年齡階段都有它獨特的經歷。」而中年是自我檢查生理、心理及靈性三方面的好時機。

我相信中年時期是我們需要注重自己在靈性上的進展，而不是外在表相的時候。與其費力和下一代爭名奪利，我們不妨放慢腳步，向內尋找生命的意義。自然界是完美的，生命是完美的，我們總是在最對、最適合的年齡。中年不是我們需要努力追趕或汲汲營營生活的時候。中年也不是逃避可怕的老化及死亡威脅的時期，中年是驅使我們尋找生命更深意義的人生階段。這並不表示我們要停下來，什麼也不做了，而是要注意我們現在所做的事情是不是我們想要的？是不是能幫助我們更欣賞自己及四周的世界？人到中年，對自我，對工作和興趣質疑是很自然的事。在此同時，感覺失落、覺得自己無關緊要也是正常的。

請記得，我們的靈魂並不會老。無論遭逢任何苦痛、逆境，甚至喜樂，都不會改變。當我們日漸老去，我們可能不會喜歡在鏡子裡看到的皺紋與斑點，但是我們一直，也將是同一個完整、真實、永遠不老的存在體。

衰老

不像其他的文化那麼敬老尊賢，我們的社會棄老年人如敝屣。我們非但沒有擁抱他們的知識與豐富的經驗，反倒是揶揄他們如昨日黃花，沒有生產力，拖累了國家的經濟。

我們不太尊敬老年人；我們安撫他們、給他們吃藥、然後把他們送進養老院，從此眼不見為淨。我想沒有人會期望一個被如此對待的未來。

我們活在一個擁抱與歌頌青春的社會是不爭的事實。基本上，我們將年歲漸長和老態龍鍾視為丟臉的事。我們很會取笑老人家，稱他們為老女人或髒老頭，因為他們不符合媒體對於美麗、健康、青春和活力的概念。我們被洗腦似的相信日益年老是一件不可接受、沒有價值，甚至噁心的事。我們被教導相信只有年輕才有價值，因此這世上的人花了幾十億辛苦賺來的錢用在保養霜、手術、節食和運動，為的就是保固青春。要生活在這社會而不受到社會與媒體對年輕的歌頌與追求的壓力似乎是不可能的。

無論如何，眞相被扭曲了。我們被教導的是眞相的反面；我們不從內在評價人，反而從外貌迅速地得出結論。眞相是，當我們死時，外表如何並不重要，重要的是作為一個人，我們成長了多少。

我們需要從目前的方向反轉一百八十度，以一個全新的方式來看待自己。我們要瞭解到，唯一重要的是人心的善良與否，而注視一個人的眼睛，你就可以知道答案。

我們這個社會將許多老年人看成是一群踏著蹣跚步伐、精神耗弱的人，對這個社會不再有任何貢獻。老人們則覺得無力與不受重視。當他們接受了這個認定，他們也開始衰微腐朽，因爲他們就是被這樣期待的。當我們這一代越來越多人變老，我相信我們對待老年人的方式會有革命性的改變。許多八十、九十，甚至一百歲的高齡長者仍然非常有生產力和創造力。他們可能是這個星球上最具有敏銳認知力的人了，他們有足夠的能力與經驗教導、滋育並加惠年輕一代。

我們都希望能活到相當的年紀，有著精彩豐富的人生。然而，如果伴隨年老而來的是失憶、疾病、收入短缺，以及心智或心理上的障礙，「老年」就不那麼有吸引力了。除了不再行動自如，老年人也漸漸失去他們的朋友，他們可以說是一直處於哀傷的狀態。活得越老，熟悉的面孔越來越少。他們親愛的朋友和家人一個個走了。除了害怕自己的死亡，他們也覺得被遺棄和被遺忘。

很多老年人害怕失去他們的自主能力。他們覺得終會變得虛弱、臥病在床，最後和其他人終老在養老院，讓別人替他們的生死大事做主。我知道這是我父親主要的恐懼，因此我一再向他保證這件事不會發生在他身上。光是知道他不會被送到養老院，就讓我父親開心許多。他知道他可以決定自己的生活，想什麼時候看電視就看電視，想吃的時候就吃，隨他高興想什麼時候打電話給朋友和家人，他可以隨心所欲；這些小事就可以讓一個人覺得他與外界仍有關聯和聯繫。在他的世界裡，他是重要的。雖然他可能受到一些身體或行動上的約束，但他還是社會的活躍分子。

最近我曾返家探視父親，我們一起吃中飯，分享雞肉沙拉和蔬菜，他還有一罐餐餐不忘的可口可樂。我的父親看著我，用一種嚴肅的語調說：「傑米，昨晚我夢到了我小時候住的地方。我想去看看，你能不能什麼時候開車帶我去？我想再看看那裡。」

我告訴他：「沒問題。爸，你要什麼都行。」

第二天，他穿了西裝、打好領帶，我很少見到他這麼正式打扮。他的臉上掛著燦爛的笑容，好像一個耶誕節早上等著拆禮物的七歲小孩。

「可以出發了嗎？」他問。

「沒問題。」我告訴他。

他的護士瑪格利特和我一起幫他坐進車子的前座。自從他一年前跌了一跤，摔傷臀骨後，他走路就有些困難，多數時間都仰賴輪椅。總之，我們幫他就位，爲他綁上安全帶，他便可以享受這趟旅程了。看到他又有活力又開心的樣子，我也很興奮。他已有超過十年的時間沒有去過他的老社區，他很好奇是否有些什麼改變？但是我有點替他擔憂，我知道十年能使一個社區發生很大的變化。滄海桑田，我擔心一切會變得和他記憶中的完全不同。

我們行駛快速道路，經過白石橋。父親一有機會就熱心指路，即使距離他上次來已經有十年的時間，但這條路他早已熟記在心。我們經過長島海灣，進入布朗士區。離他的老地盤越近，他越興奮。他又變成一個小男孩，急切的盼著每一個轉彎，看有什麼新鮮事在等著他。我們的右手邊經過一個公園，他告訴我那是他小時候和鄰居小朋友玩球的地方，同時也是星期天他和家人野餐的地點。冷氣機在當時並不普遍，大熱天的下午，全家在公園裡野餐，就是最消暑的事了。

我們繼續沿著路行駛了一陣，最後從快速道路的出口下來。出了快速道路，在下一個燈號，我們向右轉，立刻被塞在擁擠的交通裡。當我們慢慢地向西寸步移動時，我不時地聽到爸爸對他的老社區「培爾翰海灣公園」所發出的驚訝聲。

「簡直不敢相信，」他說：「看看那邊，你看見了嗎？」他指著一個老磚房的學校建築，四周是用鍛鐵圍成的籬笆。「那是我的小學，完全沒變。」他興奮地說。

聽到這些話，我好開心。

父親一路指揮我行駛，我們穿過綠樹成蔭的道路，兩旁都是磚造的房子，這裡正是他的老社區。這一區以前住的多數是來自希臘的移民。根據父親的說法，這麼多年來，這裡並沒有太大的改變。以前他最喜歡的麵包店現在成了出租錄影帶的店面。社區整體上有些趕上時代的變化，但是對六十年的歲月而言，算是維持的很不錯了。

父親已事先跟他的童年玩伴艾力克斯約好，他告訴艾力克斯我們會在下午一點左右抵達。我們的車子停在一間黃色的房子前。這棟房子離主要的街道較遠，前院種了好幾種果樹，離長島快速道路和每幾分鐘一班的地鐵站只半條街的距離。在一片磚頭、水泥之間，這棟房子相當的搶眼。

我走到前門，向一位面帶微笑、站在那兒等候的老人家問好。我曾在媽媽的喪禮見過艾力克斯一面。他走到車邊，向父親大聲的招呼，兩個人立刻聊起二次世界大戰一起服役的事。我邀請他上車和我們一起到老社區轉一轉。

艾力克斯一坐進了車裡，立刻導航的工作。我們繞了幾個街口，看了好幾個他們孩童時期熟悉的地方。我們在學校校園、他們的老酒館、救火站、社區教堂，還有幾個仍然聳立的老房子和公寓都稍作停留。我聽著他們說著故事，那些在我父親的童年時期，對他影響深遠的人。「我記得我的母親，也就是你的祖母，買了一部全新的別克轎車。每次她想開出車道都會被卡住，因爲車子實在太大了。」爸爸笑著說：「你的祖父常常在地鐵裡睡著，因爲我們是最後一站。結果，他整晚就在火車上，在布朗士區間往返。」

兩個老朋友提到一些舊識，好奇他們的近況如何。我隨著這兩位老人家的話題，回到了當年那個大家結伴參加舞會，還有一起去糖果店買汽水的年代。當時他們的娛樂絕對不是以電視或電腦銀幕爲主，他們的夢想是棒球，是乘坐火車橫越美洲。那時的生活單純多了。我認爲在某些地方，他們比我們還懂得生活。如今他們只剩下對過往歲月的回憶，還有放在快鏽掉的雪茄盒的五分錢電影票根和發黃的棒球卡。

我們兜著老社區繞了幾個鐘頭，我開車送艾力克斯回家。道別後，我們也駛離那個曾經充實、豐富與活躍的歲月。

在我們過橋的時候，我問父親：「和你想的一樣嗎？」

他遲疑了一下，終於搖搖頭。「不，我以爲會一樣，結果不是。我覺得自己老了。你看我是不是很老？」他問。

我回答：「我想以一個七十七歲的人來說，你看起來並不老，算很好的了！」我們一路上聊著，回到家仍繼續聊到晚上。我問他我是否可以把今天的事寫在書裡，他說：「好啊，我喜歡這個想法。」接著他又說：「我不認爲我的建議有什麼大不了，但是如果能使別人瞭解『老』是怎麼一回事，或是知道如何對待我們這群老人家，或許一切就值得了。」

我問他：「爸爸，你認爲年齡漸老最不好的部分是什麼？」

「嗯，我想可能是喪失了獨立的能力吧！我一直都能照顧自己，做任何我想做的事。但現在我不能了。十年前，我因爲視力大不如前必須放棄開車。現在我覺得自己像個病人，什麼事都需要別人的幫忙。我必須要有人幫我處理付賬單開支票的事，就像你回來的時候可以幫我，我還需要別人燒飯給我吃。我很不喜歡這樣，這讓我覺得自己很沒用。以前我從來沒有這麼多這邊疼、那邊痛的事，現在連彎個腰都痛，更別提走路或下床去洗手間了。從沒人告訴過我會這樣。」

「你認爲年老教導了你什麼事嗎？」我問。

思考了一會兒，他說：「是的，我有許多時間回想我的一生。我一遍一遍不斷的想：如果那時我像現在一樣知道這些就好了。在很多方面，我都把生命視爲理所當然。人們不瞭解生命有多可貴。它的腳步很快，通常只有等年老了，你才對人生有恍然大悟的瞭解。當你日漸衰老，你活在回憶裡。回憶在你的心中拉扯，因爲你記得你以前的樣子，你以前可以做到的事。你會懷疑自己還是不是同一個人？當你看見老朋友，他們臉上的皺紋，顫抖的手，這對你都是打擊。你瞭解到了生命的限制。你就只剩下自己和記憶了。我不去想明天，對我而言，它沒有什麼意義。」

「它還教了你什麼？」我說。

「我想，一個人老了以後，若不是變得更仁慈，就是更古怪。對我而言，我必須依靠別人的仁慈渡過每一天。我從來沒有料想到，有一天沒了別人的幫忙，我會連車子也爬不出來。甚至去店裡買個東西或是洗個澡，都需要別人協助。現在我必須考慮到這些事。以前我以爲我會到死都能自己打理這些。我希望我可以自己做，但是我不行，我需要幫忙。我現在有一個很棒的女士在幫我，她很親切，也很照顧我。雖然我付她錢，但是和她給我的仁慈和照顧相比，那實在算不了什麼。而且，你知道嗎？」

「什麼？爸爸？」

「她是發自內心的做這些。她把我當成一個國王，因爲她知道我覺得尷尬。她的仁慈教導我，生命裡最重要的就是：待人如己之願受。」

我父親對人生的見解有了很大的轉變！幾個月前，我不敢相信他會說出這些話，他會對自己無能爲力的狀況感到氣憤。如今，他不僅學會了去瞭解並接受現狀，他也看到了他生命中的豐富與美好。我眞替他感到驕傲。

「讓你一直繼續的原因是什麼？是什麼使你活得這麼有勁？」我問。

「嗯，我相信一個人不斷能學到東西。人的心永遠可以學習，不論你的年齡多少。我喜歡填字遊戲和天文學。我讀很多天文學的書。幾年前，我參加海頓天文館舉辦的課，非常有趣。我和一些只有我一半年齡的孩子們分享想法，我們相互學習。這一點對我來說，感覺很棒，因爲它告訴我，如果你能讓腦子忙碌和運轉，你的心就不會老。我也認爲人應該活下去，因爲還有許多可學的。我很幸運，因爲我從不浪費時間自憐自哀。我想，總是有人的處境比我更差。不幸的人很多，我爲什麼要覺得自己可憐呢？」

「對於生命，你想留給你的孩子，或是其他年輕人什麼話？」

他回答：「生命就是要活著。我希望我的孩子至少能有我一半的快樂。我希望每個人體認到生命是短暫的，所以盡一切可能使你的夢想成眞。不要讓別人阻礙了你的路，因爲一旦你下定決心，你就能做到。還有，盡你最大的力量去幫助別人。」

我們的對話繼續進行了半小時，然後，我自己的年齡問題悄然地爬上我的雙眼。我親吻父親，「晚安！謝謝你寶貴的回憶。」

我很高興父親平靜地接納了自己的年老問題。很多老年人由於需要他人的幫助來打理生活，而對自己感到羞愧。當一個人日漸年老，他自然會覺得失去了很多東西，不僅是體力、精力，還有朋友、家人、夢想、渴望和目標。最終，我們每個人都必須面對內心對這些失去的種種感受、認知和想法。許多情緒浮現表面，這是很正常的。我們必須走過哀傷的每個階段，但如同我父親，要不要和生命的這部份和平共處，在於我們個人。也許當我們每個人都能勇敢面對衰老的時候，我們便能轉變人們對「老」的刻板想法。請記得，我們的靈魂是超越時間的，而身體只是一個我們暫時居住的軀殼，當我們走上光輝的永恆之路時，我們便會自動地把它拋下。

療癒指南

失去家園

*允許自己走完全部的哀傷過程。

*對於生命中特殊的事物，完成道別很重要。這些可以是你的老家、你帶不走的收藏品。把這次的失去看成簡化生活，讓出空間使新事物進入生活的機會。

*將你的東西送給朋友或親戚，讓他們開心，就像當初它們帶給你的一樣。知道你的東西有人珍惜是件令人高興的事。

*用儀式給你一種完成了的感覺。再次拜訪那些特別的地方；即使哭了，眼淚會幫助你療癒失落的感覺。

*和你的房子道別。每件東西都是由能量構成，那個你居住的建築當然也會有很多你

的能量在其中。每當我離開，我總是和每樣東西説話：房子、車子、植物，還有小動物。我告訴它們，它們帶給我的愉悦，我也知道，不論誰取代我住了進來，他們也都會非常愉快。

*讓孩子參與搬家的事。分配些事給他們做，讓他們做某些決定。別讓他們有被拋棄或被排斥的感覺。

*在搬家期間，注意自己的步調。不要想在一天之內完成所有的事情。

*在新家創造出一種自己的感覺。做點什麼小事，讓它立刻有家的味道。放些你喜歡的花或蠟燭可以讓你對一個陌生的地方感到舒適、有熟悉感。

*拜訪新鄰居。請他們到你的喬遷之喜聚會來玩。聚會不必非得精心設計。

*透過學校的家長會或其他組織熟悉孩子的新學校。

*和朋友及親戚保持聯絡，這可以幫助你減輕不熟悉的新環境所帶來的壓力。電話和電子郵件都是很好的工具，透過它們和所愛的親友保持聯絡。

*慰勞自己。爲自己做點什麼。喝個下午茶。有時剪個新髮型或買件新衣服可以幫助你放開心情，接受新地方與新生活。

面對疾病

＊允許自己走完全部的哀傷過程。
＊不要試圖掩藏你的感受。
＊對自己誠實，但別小題大做。
＊釐清與醫生及醫護人員之間的所有溝通。如果你不喜歡某件事，說出來。如果你不喜歡或不信任你的醫生，換一位；此刻不是過分講究禮貌以致傷害自己的時候。信任你的醫護人員，對他們抱持信心——這和信任醫療建議同等重要。
＊這是停止責怪自己爲什麼會生病的時候。學習新的生活方式，放慢生活的步調。找到放鬆和減壓的方法。靜坐、催眠和禱告，可能是調適壓力及痛苦的最佳辦法。
＊規劃生活，去做一直想做卻因爲太忙而未曾實行的計畫；可以是一本想讀的書、與老友重聚、旅行等等。
＊加入支援團體。全國各地都有癌症支援團體。醫院或教會也有提供這類的協助。
＊與個性正面積極的朋友、家人保持聯絡。你不需要和那些想法負面或行爲悲觀的人爲伍。
＊想哭就哭，好好讓情緒發洩。眼淚對你身體的化學平衡有益。

*和家人及孩子討論你對死亡的感受及相關的問題。這對每個人都是艱難的時刻，也讓家人和你分享他們的感受，當然，這是在你的心很平靜、身體不那麼痛苦的時候。只有你知道什麼時候已經承受夠了。

*生前便立好遺囑。要確切的指出當你喪失意識時，你所希望的醫療處理方式。

*在你平靜、神智清醒時，預先安排好身後事。如果你有遺產，確定每個人都明白你對分配這些財產的想法。不要爲家人增添困擾。

*化解不愉快。如果你和身邊的人有些未了的過結或疙瘩，原諒他們。寬恕是一把鑰匙，它讓神的力量進入你的心。

*擁抱你的生命。愛自己。你永不孤單。

中年危機

*允許自己走完全部的哀傷過程。

*寫下你對於日漸年老的恐懼。譬如收入減少、生病、體弱、孤獨、沒有性生活、害怕死亡等等。將你的恐懼寫在紙上，然後把那張紙燒掉。那些是你害怕的事情，但它們不是你的眞理。把它們放下，讓它們走。

*再準備另一張紙，列下所有你下半輩子想做的事，例如：學習外國語言、與朋友或兒孫相聚、爲你關心的議題擔任義工、學習舞蹈、學習使用電腦、買個渡假屋等等。把這張紙保留起來，隨時看看，讓它作爲你下半生的路標。

*如果你不屬於任何靈性團體，或許你可以考慮加入；你也可以參加一些心靈活動，例如避靜。

*如果你覺得你年輕時代所信仰的宗教對你不再有幫助，你可以選擇一些不同的靈性訓練課程，如：靜坐、瑜伽或太極。很多人喜歡奇蹟課程，還有美洲原住民的練習，因爲這幫助並加強了他們和大自然及動物的連繫。

*尋求獨處的時間。傾聽靜默之聲。這是接觸你內心眞正感受的方法。傾聽你內在的智慧，評價你的生命。做些可以讓自己得到更多平靜、滿足及喜悅的改變。

*關掉電視，出去散個步。所有那些以青春爲訴求的節目和廣告，只會強化你對年齡的錯誤觀念，讓你覺得自己不再適合這個社會，以爲自己老而無當或無關緊要。

*如果有些人曾對你的人生造成毀壞性的影響，用愛釋放他們。練習並實踐容忍及寬恕。

*善用你創造性的能量，利人利己。

*找到方法平衡你生命的各個層面。一個成功的生命並不能從金錢或財物中尋得，而是在愛己、愛人，以及對所有生命的慈悲心裡。

*有意義的活動和良好的社交圈可以減少中年期可能感受到的心理、感情及生理的難題。

衰老

*允許自己走完全部的哀傷過程。

*如果你的身體情況允許，加入社區裡的老年中心或團體。他們總是有很多活動，在這些活動中你會學到許多，你也可以和他人交流你的經驗。

*如果你感覺很難熬，請尋求心理治療或諮詢師的幫助。你需要重建自我的價值感，同時你也需要原諒自己和那些曾錯怪或誤會你的人。

*尋找並使用可用的資源。你總是有選擇的。學習新的東西永遠不嫌遲。

*大多數老年人比較害怕的是臨死前會面臨的狀況，而不是死亡本身。做好必要的準備，事先立好遺囑，讓你身邊的人知道當日子接近的時候，你會希望被如何對待。確定自己的死會是如你希望的有尊嚴。

*保持正面的態度，認眞的活每一天。沉溺在過去、思想消極，只會降低你的免疫系統。

*多注意和關心周遭的人和世界，你就不會把整個焦點都放在自己身上。

*繼續滋養心靈，刺激你的心智。陪伴孫子們，或是擔任一天義工，這都可以幫助你維持活力。

*好好處理你與他人的關係。靈界的精神體不斷告訴我：最重要的課題是療癒關係。如果有機會，放下任何負面想法，和那些曾製造問題的人和解。寬恕和愛是一體的。

*笑是最好的藥。它具有感染性，是最強力的治療能量。

第八章　失去寵物

在我父親房子的後院，有一面磚牆。磚牆角落有個模糊的白色箭頭指向房子的側院。箭頭上方寫著：「聖麥可寵物墓園」。那是我在七歲時做的標誌。經歷了這麼多年的風吹雨打，字跡雖然褪色仍隱約可見。

和其他的小朋友一樣，我也曾經養過倉鼠、金魚和烏龜。我很喜歡這些小動物，事實上，每天放學回到家，我都會坐下來和籠子及水缸裡的牠們說話。這些寵物就像是我的家人。我記得我曾經爲牠們每一個取名字，還幫牠們在籠子上貼上名牌，表示那是牠們的家。

有一次一條金魚死了，我很震驚，我問媽媽怎麼會這樣？她告訴我：「金魚回天堂的時間到了，上帝對牠另有安排。」但我不懂。不論母親怎麼解釋，或怎麼安慰我，我仍然覺得很受傷。我想，這是爲什麼我開始了寵物墓園，因爲我想要一個可以坐下來和我的朋友說說話的地方。每一個死去的寵物，我都會替牠們舉行喪禮。現在回想這些儀式仍清晰有如昨日。我會點起幾根蠟燭，說些禱詞，然後走到後院的聖麥可寵物墓園，把雪茄盒充當的棺材埋在後院我事先挖好的洞裡，蓋上土，在上面放上兩根冰棒棍子做成的十字架，十字架上寫著死去寵物的名字。

墓園是以我哥哥麥可爲名的，他也很喜歡動物。他常常會把被車子壓死的狗和貓帶回墓園來，好好的埋葬牠們。我以前會想，如果我被車撞到，必須回到天堂，我也要用同樣的方式埋葬。在後院，我們差不多有五、六十個墳。

我從來沒有停止對動物的愛和尊敬。所有的動物對我而言都是神聖的，我相信牠們和我們共享這個世界是爲了教導我們許多關於生命、療癒和無條件的愛的課題。動物撫慰人類的心靈，牠們已經成了這個社會最好的社工和治療師了。我們看到有越來越多的醫院用寵物來安慰老年人，或是幫助轉移、減輕病人的疼痛。科學研究顯示，貓的出現有助降低人的血壓，具有提昇情緒，使人精神愉快的效果。我們也都很清楚當災難發生時，狗在搜尋及救援上扮演的重要角色。此外，導盲犬、助聽犬，還有其他訓練有素用來幫助各類病患的狗，人類對牠們的需要也與日俱增。

每個人的生命或多或少都曾被動物打動。牠們用很簡單的方式快速地擄獲了我們的心。當我們看到可愛的狗或友善的貓時，總會忍不住去接近。我們也會到海洋世界排隊欣賞海豚和鯨魚在水裡游來游去的畫面。尤其是孩子，他們和動物特別投緣。我記得小時候常去動物園，就只爲了看雄偉的獅子、老虎和大象一眼。

在許多人的家裡，動物扮演了主要的角色。的確，很多人覺得這個家庭成員比人類成員要容易相處，因爲牠們不會對我們評斷、批評或回嘴。牠們沒有那些會讓我們惱怒或沮喪的言行或觀念，不論我們是否犯錯，不論我們的心情或行爲如何，牠們永遠在我們身邊，甚至遭到虐待的時候，也還是忠心耿耿。牠們是神聖、特殊的生靈，向人類示範接受和付出愛的力量。這是爲什麼我們很容易和牠們建立感情並且信任牠們的原因。

我們會和寵物說話，和牠們玩，帶牠們一起旅行。牠們很容易就變成注意力的焦點，我們也很快的建立起以牠們爲主的每日例行事項。養寵物並不是件隨興的事，而是一種生活方式。當我們作重大決定時，也要把牠們的福祉列入考慮。

我們和寵物間的情感通常是貼心、令人滿意的，當我們熟悉了牠顯著且獨特的性格時，這種情感聯繫會變得更強。我們的寵物幫助我們表達無私的愛，教導我們何謂責任。就像我們的孩子一樣，牠們依賴我們提供居所、食物，並在牠們生病時照顧牠們，而牠們回報的是愛的陪伴。牠們無條件的接納我們，這一點在現在這個快速、現實的世界裡很難找到。

牠們愛的天性為我們的生活帶來喜悅和滿足，讓我們比較喜歡自己。寵物是我們的良伴和知己，每當覺得洩氣或沮喪，我們都可以走到牠們身邊，尋求安慰。看著牠們的眼睛，或是摸摸牠們的毛，我們又能感受到心裡的愛。牠們總是會提醒我們是誰。我們和寵物分享生活，牠們則用永不退縮的奉獻精神、信任和依賴來回報。

動物總是能感覺到我們的心情，因為牠們對心靈和直覺的層次較為覺察。牠們依靠內在的天性去感知人們是否想傷害牠們，或是對牠們友善。第六感是動物很重要的天性。下次你要旅行時，觀察你的寵物在行為上是否有些微妙的變化。你的狗或貓或鳥，牠們會知道你將要離開。我每次要旅行前，總是會和寵物們說說話，向牠們保證我很快就會回來。

當我還是孩子的時候，電視劇「萊西」很受歡迎，我想許多人都還記得。在戲裡，萊西救了很多人，牠不僅聰明、勇敢，還非常溫柔有愛心。萊西可說是集理想寵物的性格於一身。就像萊西一樣，我們的寵物也盡全力付出所有。牠們要求的回報很少，只要我們的照料和善待，這是為什麼我們會這麼愛牠們，而沒有了牠們，我們會覺得失落的原因。

動物的靈魂

人們常常問我一個問題：「動物死後還有生命嗎？」我的回答是：「是的，當然有。」動物和我們一樣也有靈體。每個動物都有牠完整的靈魂性格和明確的神聖目的。和人類死亡的情形差不多，當牠們的身體不再能負荷時，靈魂被釋放，回歸到靈魂的次元。許多靈魂告訴我，靈界有「動物的守護者」會看顧這些動物。大多數的動物都會到最需要牠們的地方服務，在那裡牠們可以幫助人類的靈魂。

很多人去世後回到靈魂世界，發現他們生前的寵物也在歡迎的行列之中，如果生前他們之間有很強的愛的聯繫，這種情形更是常見。

另一個我常常被問到的問題是：「牠們能不能從靈魂的世界跟我們溝通？」這個答案也是一個肯定的「可以。」我曾經爲動物傳遞過許多訊息，伴隨訊息而來的是充滿愛的能量和純然的祝福，比起大多數我所經驗過的溝通都來得好。和人類不同的是，動物的能量沒有受到塵世批判和意見的污染，牠們通常都是帶著敬慕、感激，還有愛。

我常常覺得動物和人類是在同一個神聖計畫裡一起工作。這個計畫所展現的可能不是我們從目前的觀點能完全瞭解的，但我確實相信動物的意識幫助了我們與共同的愛的源頭相連結。我這麼說並不只是因爲前面描述過的明顯事實，從心靈的角度來看也是如此。我相信動物很容易受到精神或靈魂的感應，我也知道一些例子，在人們死亡那刻或離世不久後，有些動物會關鍵性的出現。動物確實是傳導來自靈魂世界訊息的管道，也是具意義的象徵。

舉例來說，在某人死後，我們和某種動物接觸的經驗會讓我們立刻想起這個去世的人。有的情形會比其他的明顯和突出。我記得在我母親過世後，我就曾有過這類的經驗。在葬禮中，神父的悼詞提到要我們將母親的靈魂看成是被禁閉在蛹中的毛毛蟲。他說，當死亡發生，靈魂便得以自由地升到天堂，就如破繭而出的蝴蝶，在天空自由飛翔。

對我的家人而言，這個說法讓他們很感安慰。雖然我的工作也是撫慰他人，但這對我是個溫柔的提醒，是我很需要聽到的話。

自那篇悼念詞後，我的手足和我常常互相提醒這個蝴蝶的故事。母親去世的這些年，每當我們慶祝任何紀念日或生日，只要看見蝴蝶，我們就會想是媽媽來加入我們了。這種情況在春、夏或秋天發生並不足爲奇，但是有好幾次，蝴蝶也出現在冬天。我那理性的心試著尋找解釋，但是當然無解。我的手足們堅持蝴蝶就是媽媽，再不然就是她在影響牠，而我卻一直認爲這種蝴蝶與死亡的聯想雖然很美，不過完全是象徵而已。

在一次去巴西的旅行中，我終於相信了蝴蝶不只是象徵。

那次我帶了一團人去巴西的幾個心靈中心參加避靜。這些中心有他們自己的治療師和各類靈媒，我們有機會親身見識到非常神奇的治療示範。當我們完成了爲時一週的神性接觸的活動後，我們來到巴西南方一個優美壯觀的瀑布。我離開團隊，獨自坐到一棵樹下，爲我的團體做活動結束的感恩靜坐。我感謝靈界在過去的一個禮拜讓大家經歷了改變生命的經驗。在靜坐時，我的母親來了，我聽到她說，對於我能幫助這麼多人得到啓發，她爲我感到驕傲。她還說她一直和我在一起。我的耳邊響起她的聲音：「四處看看，詹姆斯，接受你看到的。」我謝謝她，祝福她，並對她說：「我知道你就在附近，媽媽。」當我睜開眼睛，一隻美麗的橘藍兩色的蝴蝶，就停在我張開的右手手掌。熱淚滾下我的臉。從那一刻起，我知道我再也不會懷疑蝴蝶的出現了。那是我母親給我的確認方式，告訴我她永遠指導並保護著我。

史本賽，我們的英雄

我不認爲我們人類完全的瞭解動物所具有的智力和勇氣。我們聽過許多動物的故事，關於牠們如何冒生命危險，或如何排除萬難，歷經千辛萬苦長途跋涉，只爲了和牠們心愛的主人團聚的事。許多動物扮演人類的守護者角色，在很多層面上與我們的福祉相關。我相信有些動物在世上的工作很特別，牠們是上帝派來的救命天使，幫助我們走在靈性的道路。以下的故事，正是這麼一個神奇寵物的事蹟。

有一次，在一個公開的示範，我正爲一位名叫克莉的女士傳達她剛過世父親的訊息。忽然間，我心裡出現一隻大黑狗朝我跑來的影像。影像變化得很快，快得讓我來不及說出完整的描述。

「我得到一個好玩的畫面。你的父親讓我看到一隻狗，看來像是黑色的德國牧羊犬。他是不是有這麼隻狗？牠一直在他的四周跑來跑去。」

「沒有。」克莉回答。

因爲不確定自己得到的訊息，我必須多描述些細節，讓她能瞭解我在說什麼。

「這狗讓我看牠的左眼。牠的眼眶裡有血。可能是白內障。」

這時克莉臉上的表情完全變了。她兩眼圓睜，用雙手掩住嘴，驚訝地倒吸一口氣。

「天啊，沒錯！」她大叫。

「這隻狗要你知道牠又可以看得見了，牠謝謝你幫忙醫治牠的眼睛。」

「是的，我帶牠去看獸醫的。天啊！」她又驚呼了一聲，隨即哭了起來。

坐在她旁邊的一位觀眾起身安慰她。克莉顯然對聽到的訊息很震驚。

她說：「是史本賽，是史本賽！我認識牠，牠是我的狗，史本賽！」

克莉不斷掉淚。我們等了幾分鐘，讓她能平靜下來。那位觀眾站在她身邊安撫她。

我等她好些了，繼續傳遞訊息。

「這隻狗帶給你很多很多愛，我覺得牠很特別。」

就在那個時候，狗跳到她面前，開始舔她的臉。

「牠要親你！」我說。

觀眾群發出好大一聲「啊！」

「我看到狗的脖子上有一條飾帶，有一個金牌繫在紫色的絲帶上。我覺得牠不單是隻看家的狗。牠要我告訴你，牠是被派來保護你的。」

克莉不斷點頭，表示同意。等她平靜下來，在她帶著淚的臉上開始出現笑容。「真不敢相信是史本賽！」

然後我得到一個名字。

「你知不知道一個叫崔西的人？我相信那個名字是崔西。」

「是的，我知道。那是我的女兒。不過她還活在世上，並沒有死。」

「奇怪，我看見崔西的名字出現在狗的面前，我還感覺到煙，覺得窒息，沒法呼吸。」

我不確定這個影像的意義，我錯誤的解讀成：「是不是你的父親有呼吸困難的問題？因爲這是我得到的印象。」

「不，他並不是那樣去世的。但是我想我瞭解你要說的。詹姆斯，請繼續，我希望再多聽一些。」

「嗯，我不知道爲什麼，不過我覺得這隻狗想要和崔西在一起，或者想要她知道牠。這有沒有道理？」

「有的。詹姆斯，有道理。」

這個解讀又進行了幾分鐘，克莉的父親出現，他要傳遞訊息給克莉。他希望克莉告訴家中的幾位成員他已經不再痛苦了。「他說他自走出肉體的軀殼後，現在覺得充滿了生命力。」

示範會結束後，克莉私下告訴我：「你說的每一件事，現在我都覺得很有道理。」她向我道歉，說她在我傳遞的時候並不太瞭解，因爲一切看來都太不可思議了。

她接著說：「我第一次結婚時，我的先生湯姆和我想要養狗，剛開始我們不確定是要用買的還是到流浪動物收容所領養一隻。後來我們去了收容所，看中一隻硬毛的小㹴犬，但是我們想回家多考慮考慮。過了兩天後再去，小㹴犬沒有了，他們已經爲牠找到了新家。我們有點失望。在走出動物收容所的時候，我們看到一隻黑色的德國牧羊犬在左邊最後一個籠子裡，牠比別的狗要老些。當我們經過時，牠走到籠子前，看著我。我彎下身拍拍牠，牠開始舔我的手，好像認識我很久了一樣。湯姆和我決定要牠，雖然我們原先是想要一隻嬌小年輕的狗，但是這隻狗讓我們覺得很親切、很舒服。」

「於是，我們把牠帶回家，給牠取名史本賽。很快的，牠成爲我們家的一分子。幾個月後，我懷孕了，史本賽會到處跟著我，好像因爲我的情況，牠要特別照顧我似的。一直到孩子快出生的時候，我們才發現原來史本賽眞是這麼特殊。湯姆那時上夜班，一晚，湯姆去上班前，史本賽看來好像很緊張，很不安。牠不肯坐下，一直在屋子裡走來走去。半夜，我起來喝水，走到廚房的途中，不小心被地板上的盒子絆倒。我跌在地上，非常疼痛，開始出血。在暈過去前，我記得的最後一件事，就是史本賽的狂吠。不知怎麼牠跑了出去，在屋前狂叫，直到隔壁鄰居朱蒂被吵醒；她過來察看，見我躺在地上。長話短說，她叫了救護車送我到了醫院。當晚我生了一個健康的女兒，崔西。但是醫生告訴我，如果不是及時送醫，我絕對保不住孩子。」

「還有，在生下崔西的第一年，有一晚，史本賽用牙齒把湯姆和我的毛毯扯掉。等我們一驚醒，牠邊吠邊跑進崔西的房間。我們跟進去，看見女兒的呼吸停止，全身發紫。湯姆很快撥了電話求救，我趕緊爲她嘴對嘴呼吸，崔西才活了過來。如果不是史本賽，她可能已不在世上了。」

最新情況

史本賽在去世前陪伴了克莉一家四年。克莉說史本賽和崔西感情很好，崔西現在已經五歲了。「牠以前每晚都睡在她身邊，如果有什麼不對，牠就會狂吠，直到把我們吵醒。難怪牠會要崔西記得牠。史本賽毫無疑問的是我們的英雄，我們欠牠許多。我們非常想念牠。」

雲雀

我曾有許多次爲動物傳遞訊息的經驗，牠們都表示主人的一些習慣或是特別爲牠們做的事讓牠們感到好快樂。以下的故事就是充滿了這種感激。

白侖和瓊安的兒子布萊恩，在八歲時死於白血病。接下來的兩年，他們和女兒瑪琳妮（他們叫她瑪琳）一直希望能和布萊恩聯繫上。當布萊恩出現在降靈會時，他以充滿樂觀和喜悅的美妙訊息安慰了他的家人。

我可以從布萊恩敘述時的口氣聽出他的興奮。「布萊恩說他死的時候一點也不痛，現在他到了天堂，可以大吃冰淇淋了。」

布萊恩接著說他和其他小孩一起上學，他交了很多很多朋友。

我說：「他想知道，如果他這麼快樂，爲什麼你們這麼悲傷？」

布萊恩繼續說到有位名叫「塔塔」的女士一直在照顧他。

他的母親回答：「那是我的姨婆塔慕拉，她十年前去世了。」

我原先認爲這次的通靈已傳遞了很棒的證明，我因此沒有更多的期待。但布萊恩仍有令每個人驚訝的訊息要傳來。

「有件事布萊恩希望瑪琳知道。塔塔曾帶布萊恩去餵雲雀，布萊恩還有摸雲雀的頭，拍拍牠的身體。」

瑪琳聽了立刻哭了起來。她用兩手遮著臉。

我心中開始接收到一匹馬的影像。

「我看見一匹灰色的馬站在我的面前。牠的頭上有個白點，牠現在正上上下下搖動著頭呢！這是不是就是雲雀？」

「是的。」瑪琳說。

「瑪琳，這點對你來說可能有點奇怪，不過我從這匹馬得來的印象是牠死前發著高燒。你和你的父親曾經尋求許多獸醫的診治。」

「是的。牠感染了致死的病毒。」這位年輕的女孩回答。

父親附和著說：「爲了知道牠生了什麼病，東北部新英格蘭地區的獸醫我們全試過了。很多人來幫忙，但都無能爲力。」

瓊安很好奇的問：「你提到我的兒子跟這匹馬在一起。這怎麼可能？」

這是當通靈中提到動物時，我常常被問到的問題。

我解釋道：「嗯，因爲在天堂你可以看到心愛的人和你認識的動物。布萊恩被帶去看雲雀一定有某個顯著的理由。或許是幫布萊恩適應，讓他有熟悉感。同時，動物也通常是在一個適合牠們的環境裡。以雲雀的例子來說，可能是在牧場或是一片青綠的大地。」

「雲雀喜歡在草原上奔馳。」瑪琳補充說。

我接著說：「這個動物給我一種個性很明顯的印象，同時我也知道牠並不是喜歡所有的人，牠對人相當挑剔。」

我把眼光看向大家，希望得到確認的回應。

他們全都呆呆的坐著，有些震驚，同時又有點覺得有趣的模樣。

瓊安回答道：「哦，天啊，是的。眞是這樣。眞的。如果雲雀不喜歡誰，牠會轉頭就離開。我們通常從觀察雲雀的行爲就可以知道一個人的性格。」

「瑪琳，雲雀給我一個影像：當牠生病的時候，你睡在牠的馬廄裡陪伴。牠希望你知道牠很感謝你的照顧和愛心。」

瑪琳又開始哭了，她只有靠點頭表示她瞭解。

我繼續從這個令人印象深刻的動物接收到思想及影像。牠的每個念頭都伴隨強烈的愛的能量。

「哇，這眞有趣。我想你一定知道這匹馬在傍晚都會來看你。牠告訴我你還保有牠的毯子，就在你的臥房。你瞭解我說的嗎？」我問瑪琳。

每個人看起來又是一副吃驚的模樣。

瑪琳看看她的父母，再看看我，然後說：「是的，我還有那張毯子，它就在我的床下面。我每天都會看看它，想念雲雀。你會說出這個，眞叫人吃驚。」

「雲雀說你們是最好的朋友。牠盡可能的跳過那些柵欄，牠是很努力的。你瞭解嗎？」

這下換白侖訝異了。

「雲雀是匹強壯，很有競爭力的馬。」他說。

瑪琳接著他的話：「我們一起參加馬術比賽，我們還贏過幾個獎。」

「幾個獎？你們在全國贏的獎超過二十項了。」她的母親很驕傲的插進來說。

我很高興瑪琳心愛的動物也藉著這次通靈過來了。

「我會不會再看到牠？」瑪琳問。

「當然啦！」我回答：「在你這生中雲雀都會在你四周，就像牠活著的時候。當你靈魂回家的時間到了，牠也會在那邊歡迎你。動物們最好的一點就是，只要我們需要牠們，牠就會與我們一起。」

在我這麼說後，我看見雲雀上上下下的點著頭，嘶鳴著。「我想雲雀同意我的話呢！」

突然間，我看見一條藍色的絲帶從牆上掉下來，我問這家人這是否有什麼意義？「是的。」瑪琳回答：「今早有一條絲帶從牆上掉下來，它就掉在我的床上。那是條藍色的絲帶，是雲雀死前，我和牠一起贏得的最後一個獎。你會提起這件事很有意思。因爲今早這事發生後，我發誓，我可以感覺到雲雀如絲般的馬鬃拂過我的手掌。」

最新情況

貝克一家人的生活似乎在通靈後有了正面的進展。一次解讀不一定會使我們的痛苦就此遠離，它提供的是對死後生命一種嶄新且明確的啓示。此外，瑪琳進了高中，她決定不再參加馬術競賽。她告訴我她不想再養馬，「我寫日記，把我所有的想法和夢想都寫下來。」她最愛寫的是雲雀。「我夢見我們又在一起了，我們飛躍過一個非常美麗，開滿如彩虹般繽紛花朵的草原。我們跳過柵欄，飛躍空中。我知道我們將會永遠在一起。」

對寵物的回憶

這些年來，我收到許多來信。人們在信中敘述他們對家裡寵物的愛，字裡行間充滿他們對寵物的感謝，因爲牠讓他們或多或少更懂得珍愛生命，也因爲牠曾撫慰了他們的傷痛。有些信的內容非常美麗感人，我想和你們分享，也讓你們感受到這些獨特而又充滿愛的時刻。以下就是你們的故事。

安妮

我有一隻小鸚鵡，養了八年，牠的名字叫安妮。牠是個非常好的伴，帶給我很多靈感和喜悅。安妮有白色的身體，頭冠是鮮豔的黃，翅膀和尾尖也帶有黃色。牠那兩個粉橘色的面頰使牠看來非常亮麗、搶眼。牠知道自己長得很漂亮，所以牠很驕傲，喜歡炫耀。

當時，我住的地方離海灘很近，我常常帶安妮去海邊散步，就好像其他人遛狗一樣，只不過安妮是站在我的肩上，不是用狗鏈栓起來。因爲我一直喜愛而且尊重鳥在飛翔時的優美和自由，我從來沒有修剪過安妮的翅膀。我總是把牠放在我的肩膀上出門。我知道安妮選擇和我在一起，因爲牠可以在任何時候飛離我，但是牠沒有。當我們走到淺灘時，我會舉起食指，安妮就會從肩膀上走下來。牠會玩耍似的咬我一下，好像在讓我知道牠才是主人。牠的輕咬是一種熱情的表示，也是我們之間情感的象徵。牠會非常驕傲的站在我的手指上，等到一個時機，我會把牠往風裏一丟，讓牠乘風飛翔。牠在籠子裡一整天了，正等著機會動一動，所以我突然甩手的當兒，牠就狂放不羈的飛了出去。那個畫面實在精彩！海灘上的人都會停下他們在做的事，很驚訝的看著牠飛翔。

牠只是隻小鳥，但是牠能在海岸上方飛上好幾圈，直到牠想回來爲止。這時牠會對準我的肩膀著陸。我會抓抓牠的頭，表揚牠美妙的降落，而牠會再啄啄我的食指。這個動作像是表示了安妮的獨立、感激和眞誠的愛。

我們總是在黃昏的時候出去散步，因爲那是我們一天中最喜歡的時間。安妮是我的好友和良伴，我們共同渡過了好些困難的時刻。在我最需要的時候，牠總是能爲我的生命帶來許多喜悅。當牠死的時候，我的心都碎了。我覺得內心像是有個很大的黑洞，怎麼也無法塡滿與安慰。

安妮死後十四年，有一次我去大溪地的博拉博拉（Bora Bora）附近的小島浮潛。在這個如夢的渡假勝地，我走進美麗的寶藍色水中，朝著暗礁游去。我很快地看到一大群鮮豔多彩的熱帶魚。其中有一隻黃色的魚像是直直朝我游來。我有個感覺，牠是在歡迎我進入海洋，並且帶我參觀牠的家。等我游近了一點，仔細端詳這條魚，我注意到牠的頭兩側，兩邊的鰓各有一個橘色的點。當我伸手摸牠時，牠在我的食指上輕吻了一下。那一刻，我的心裡湧現了對安妮的回憶，我像是瞭解了什麼，我心想：「這隻美麗的魚是我的鳥嗎？」安妮一直很喜歡海，在這片美麗島嶼的廣闊藍色海洋裡，牠一定像鳥一樣的自由。

在那一刻，我瞭解到對寵物的愛是永遠不會消逝的，牠會永遠活在我們的心裡；我知道安妮永遠活在我的心裡。

林蒂・卡蘿（加州，荷莫沙海灘）

徹斯特

我家裡一直有養貓。不知道什麼緣故，我跟貓總是互相吸引，我想是因爲我們之間有種特別的瞭解和尊重吧！四年前，一隻美麗的栗褐色的貓來到我的門前。很明顯的這隻貓沒有人照顧，牠又饑又渴。牠可眞找對了門，大概牠知道我偏愛貓吧！我立刻準備好一盆食物，放在門廊上。我沒有立刻把牠帶進來，因爲我知道牠終會決定是要留下還是離開。

幾個禮拜後，那隻貓自己進了屋子，而且在我來得及發現之前，就當起老大來了。我叫牠徹斯特，因爲牠有美麗的栗子色的毛。沒多久，徹斯特已經發現了家中最舒服的椅子，並且占爲己有。徹斯特和我立刻成爲好朋友。令人吃驚的是，牠和家裏其他的貓也都處得很好。

就像其他的貓一樣，牠很快的養成了牠的日常慣例。每晚牠從貓門出去，早上回來吃早飯。有一天早晨，徹斯特沒有回來，我整天整夜的等牠，但牠一直沒有出現。不知怎的我知道牠不會再回來了。我好傷心。隨著時間的過去，我常常會想：親愛的徹斯特到底發生了什麼事？

有一天，當我在附近的社區散步時，我看見一隻貓睡在某家的門廊，牠有著和徹斯特一樣的栗色毛。我走近一看，眞的就是徹斯特。我叫牠的名字，牠跑過來，在我身上擦來擦去，喉嚨咕嚕咕嚕的叫。我眞的好開心又看見牠。當我彎下腰去拍牠的時候，我聽到一個女人的聲音：「小煙，來這裡。」貓咪馬上轉身，向聲音那邊跑去。我抬起頭，看見一位年長的女士站在門邊，我走上前自我介紹，並且告訴她有關徹斯特的事。她邀請我進去喝杯茶。

我們坐在廚房，那位女士告訴我，幾個月前這隻貓不知從哪跑來，忽然出現在門口，「然後牠就不肯走了。」她說我可以把牠帶回家，我聽了好高興，但是當我抱起徹斯特的時候，牠卻從我的手臂裡跳出來。那一刻我們四眼相對，我能感受到牠的能量，我知道牠很愛我，但是牠似乎在傳達牠有更重要的事情要做。我那時就知道我不能再擁有牠了。我親親牠的頭，跟牠道別，告訴那位女士：「沒關係。現在這裡是牠的家了，牠應該和你在一起。」這時她的臉上現出笑容，我可以感覺她如釋重負，並且很感謝能保有她的小玩伴。我離去的時候，她一再向我道謝。

差不多六個月後，我在超市巧遇那位女士。我問她徹斯特的近況。她告訴我，在見面後不久，她的先生被診斷出罹患癌症，如今已經去世。我很訝異聽到這件事，向她慰問致意。她說，在她先生生病的期間，徹斯特一直睡在她先生的病床上，讓他的心情很平靜安詳，她覺得那隻貓簡直就是上帝派來的。「如果沒有牠，我不知道該怎麼辦才好。」我們道別時，我答應會時常到她家喝杯茶。離開超市時，我明白了徹斯特的確有重要的事情要做。牠就像是天堂來的天使，為這位女士帶來安慰。我很高興在她最需要的時候有徹斯特的陪伴。我也很高興徹斯特曾是我生命中的一部分。

凱若・卡本特（加州，若西達）

奈麗和老母雞

我養雞已經超過三十五年了，我還有過不少寵物和動物，我知道牠們是我們在這個世上的禮物。我希望當我的大限來臨時，那些曾經帶給我生活中許多快樂的寵物和農場的動物，都會一起在天堂歡迎我。

我們總是養有幾隻鴨和鵝，我總以為我見多識廣了，但這件事實在值得一提。

差不多五年前，我們有一隻白色的北京鴨，名叫奈麗。牠是孫子們最喜歡的一隻，每天他們都會餵牠，並且讓牠在他們小小的塑膠泳池裡陪他們游泳。復活節的時候，他們會在奈麗的脖子上打個蝴蝶結，叫牠復活節鴨。當孩子們找復活蛋的時候，牠會跟著他們在農場上跑來跑去，呱呱呱直叫。

奈麗不是隻普通的鴨子，牠眞的是這個家庭的一員。吃飯的時候，牠常常出現在廚房，我太太會把食物放在盤裡給牠，牠會啄來吃，鴨嘴敲著盤子刮刮響，吵死人了。那個春天，奈麗在穀倉裡生了幾個蛋，牠並沒有開始孵蛋，牠把那些蛋完全掩蓋起來，藏得好好的。

一天，一個送貨的卡車開上我們的車道，不幸的是，司機沒有看見突然跑到車道的奈麗，車子輾過奈麗，牠當場死亡。這眞是晴天霹靂。最初，我們非常震驚，每個人都好悲傷，尤其是孫子們。他們很難接受這件事。

我和太太海倫不知道該怎麼處理奈麗的蛋，但是我們希望盡力留下牠的後代。海倫想出一個計畫：把這些蛋放在雞房裡的母雞身下。這可是個賭博。我們必須小心的移動那些蛋，因爲些許的動作都可能使胚胎死亡。然後我們還必須希望我們的母雞不會把這些不速之蛋踢出牠的雞窩。

這個計畫居然很神奇的成功了。三十天後，母雞孵出了三隻可愛的小鴨。雖然牠們長得實在不像到處在農場跑的其牠小雞，小鴨們立刻把母雞認作母親，而母雞也把牠們當成孩子。這眞是很不尋常，卻是很棒的畫面。

第二天，母雞離開雞籠，後面跟隨著牠的小鴨。當牠們經過農場後方一處因低窪積了許多雨水而形成的大水塘時，小鴨們直直朝水裡走去，玩起水來。母雞瘋了似的開始扯著嗓子大叫。我太太和我跑出去一看，發現原來是這麼回事。只見母雞在水塘邊繞來繞去，一直叫牠們出來。可憐的小鴨們感到很不解，牠們只是跟隨天性走到水裡罷了。我們很快把小鴨弄了出來，免得母雞一直叫個不停。隨後，母雞好好的檢查了每一隻小鴨，確定牠們都安然無恙。

那些小鴨長爲成鴨，牠們跟著我們的孫兒女們在農場裡跑來跑去，就像奈麗以前一樣。牠們一直和雞房及牠們的「養母」保持著密切的關係。我和我的太太看著這些鴨子，心裡想奈麗一定會對這些小鴨子感到驕傲的。我們把奈麗的蝴蝶結掛在雞房上面，紀念奈麗這隻復活鴨，還有那隻救了牠孩子的母雞。

班生・偉提爾（德州，亞伯丁）

爲寵物哀傷

我們很難接受心愛的寵物離開我們。寵物去世，我們會像失去親愛的家人一樣悲傷。

當你的寵物離開這個世界，你會走過不同階段的哀傷，你可能會感到強烈的難過、震驚、憤怒、否認、內疚、悲哀和寂寞，而你必須表達你的感受，因爲壓抑它們只會拖長哀傷過程。

不要聽信任何人說的，說牠們「只是一隻動物」。事實是，和你分享了那麼多的好朋友走了，情緒波動是正常的。你日常生活的形態因此改變，你必須重新安排你的生活模式。你的痛苦和哀傷是非常眞實的，不要讓任何人輕視、貶低或否定你的感覺。

請記住，每一個人，包括家裡的成員，對這個情況的反應都會不同。不要期望別人以你認爲他們應該的方式去做。人們對於失去，處理的方法都不一樣。

有時候寵物死了，我們會覺得內疚，這並不奇怪。因爲我們覺得應該可以防止事件的發生。然而當寵物老了或病了，我們會覺得使不上力。我們會希望牠們能跟我們說話，告訴我們哪裡痛，哪裡不舒服。我記得我離婚的時候必須爲我的狗另找新家。說老實話，離開牠們比離開我太太還要難，我經歷了嚴重的分離焦慮症。很幸運地，我替牠們找到了很有愛心的新主人，我知道牠們會被愛惜和照顧。雖然如此，我仍舊感到很哀傷。

如果你獨居，而你的寵物是你表達愛與關懷的良伴，失去了牠們的哀傷會更爲強烈。爲死去的寵物哭泣是很自然的，你要宣洩你的感受，這樣才能幫助你開始哀傷的過程。

將自己的感受和能夠支持你的家人及朋友分享，對情緒的紓解也很有幫助。有些人可能對你的哀傷不夠敏感，所以要找那些愛動物的人，他們瞭解你的感受。聽起來可能令人驚訝，不過寵物死亡的支援團體有好幾百個。此外，不要接受別人建議你立刻找隻寵物取代的意見。你需要時間經歷哀傷，而不是用另外一隻寵物使你覺得好過的方式來壓抑。

父母也需要對孩子解釋寵物的死亡。對孩子來說，這是非常令人不解與難過的事，尤其當這是他們第一次遇到的死亡事件。對年紀小的孩子解釋垂死及死亡的過程並不容易，但是你必須盡力去做，讓你的孩子知道他的寵物不會再回來了。你必須要協助他們表達內心的感受，同時讓他們知道每個人的感覺與反應可能都不一樣，而且會隨著時間有所不同。他們不見得只會覺得難過，也可能會覺得孤單和氣憤。有些孩子會很生氣，因爲他們不瞭解爲什麼他們的寵物會死。你的孩子會仰望你的指導；你可以利用這個機會教導他們有關生死是怎麼回事，確定他們瞭解寵物的死亡是生命的一部分。向他們保證牠已到了一個安全的地方。

告訴你的孩子，隨著時間的過去，他們會覺得好過些，也會再快樂起來。

我記得一位朋友跟我說過她的愛貓的故事。一天傍晚，她下班回到家，發現前門貼著一張條子。她那隻美麗的白色長毛貓跑出屋子，在外面被車子壓死了。當地的動物管理局留了張字條，通知她這個死訊。她告訴我：「我走進公寓，開始無法遏止的啜泣起來。但是還有最困難的事要處理：我必須去褓姆那裡接回我的女兒，然後告訴她，我們鍾愛的昆妮死了。我知道她會很難過，我必須告訴她這不是任何人的錯。」

當晚，她們兩人一起分享對貓咪的記憶，表達她們的哀傷，爲她們共同的好友哭泣。「第二天，我的女兒對我說：『媽媽，我不能再哭了，我的心太痛了。讓我們不要再談到貓咪，直到我們覺得好過些。』我想那可能是當時我們最應該做的事。謝謝老天，我們另外兩隻貓都很安全的陪在我們身邊。」我的朋友沒有忽視女兒的意見和感覺，她尊重她女兒的意願，支持她的感受，讓她以自己的方式哀傷。給家人空間，在悲傷的時刻讓他們用自己的方式哀傷是很重要的。

許多人用葬禮的方式來表達他們對動物的愛。你可以把寵物埋在後院，做個記號，就像我和我哥哥以前那樣。你也可以讓孩子畫張圖，或是寫一個有關你的寵物的故事。你還可以把牠的照片收集起來，放在照相本裡，當成紀念冊。只要你覺得對的都可以去做。有些人則會希望有個更正式的紀念方式，這可以透過各種專辦寵物喪禮的組織完成。

哀傷寵物的離去也是一個過程。請記住你是處在脆弱的狀態中，而每一天都可能和另一天不同，所以一天一天慢慢來。最終，你內心感受到的空洞會慢慢地被你們曾經分享的愛的回憶所填滿。你可能會記起快樂、有趣的時刻，這才是最重要的。當你回想起那些時刻，享受它們的溫馨。再開心笑一次，重溫舊日的歡樂，把那些感受帶到你目前的意識中。

請記得哀傷沒有時間表，你不必對自己沒能很快走出哀傷而覺得羞恥或氣憤。你會重新調整日常生活的步調，悲哀和傷痛也會漸漸淡去。到了那個時候，你可能也已準備好再收養一隻新寵物，和你的新朋友及玩伴分享你的愛。

安樂死

我常常被不得不將寵物安樂死的人們詢問，所做的決定是不是正確？他們深感內疚，也有很多人因爲這麼做而無法原諒自己。讓寵物「永遠沉睡」，這從來就不是個容易的決定，而且總是伴隨許多情緒。

我無法告訴任何一個人安樂死是對或錯的決定。從個人的角度，我總是說要看這個決定後面的動機是什麼。是出自於愛，出自對動物的照顧？是因爲動物非常痛苦，或是已經沒有生命品質可言而採取的仁慈舉動？每一個有寵物的人都必須進入自己的內心去感覺怎麼做才是對牠最好的決定。請記得每個動物都有靈魂，而靈魂是永遠不會受到傷害的。

也有很多人問我：「安樂死是一個痛苦的過程嗎？」我不是個專業獸醫，我們應該詢問專家或徵詢適當的管道。爲了這個章節，我接觸了一些獸醫，他們都告訴我，安樂死並不痛。通常他們會使用止痛藥，因此當靈魂離開動物的軀體時，牠其實已進入很深的睡眠之中。

根據獸醫布魯斯・佛哥（Bruce Fogle）的著作《寵物和他的主人》（Pets and Their

People），考慮結束寵物的生命有下列幾個主要原因：

1. 身體受傷嚴重
2. 無法醫治的疾病；到了某個階段無法再控制惡化或不舒適的情況
3. 因年老而產生的身體機能衰退，其結果將永遠影響寵物的生活品質
4. 身體的受傷或因疾病導致身體機能的永久損壞或無法控制
5. 對小孩、主人，或其他人有攻擊性的危險
6. 帶有無法治療的疾病，會危害人類或使人類死亡

如果你決定，將你的寵物安樂死是必要的，你可以召集一群在情緒上能夠支持你的朋友，讓他們知道你到時會需要他們的愛、關心和幫助。這可能包括了陪你去獸醫那裡，或是幫你規劃紀念喪禮等等。記得，沒有人，包括你自己在內，會預先知道你將受到怎樣的衝擊。因此，最好有備無患的準備好。

我很驚訝的發現，我們時常會很細心的確定心愛的寵物不受到痛苦，但我們對自己的沮喪和混亂卻常常照顧不周。唯一能做決定的人是你。請記得你所鍾愛寵物的靈魂會永

遠在你的身邊。當你離世後，你們在另一個世界也會再次經驗到那份曾經在世上分享過的豐富且可靠的愛。

療癒指南

＊允許自己走完全部的哀傷過程。

＊不要否認你的感覺。你失去了生命中的重要夥伴，這是你表達情感的時候。哭泣是正常的。和家人分享你的感受，同時也要注意到孩子的情緒。

＊和你的寵物告別。這可以是一個簡單的紀念儀式，點根蠟燭、祈禱，或是加上詩、照片和牠的玩具等等。做那些對你和你的家人最適切的事，就如同任何哀傷一樣，某種形式的結束是必要的。

＊加入寵物支援會，或任何可以幫助你說出悲傷的團體。其他養有寵物的人會瞭解你的心情，他們能和你共鳴。通常你的獸醫會有這些寵物支援團體的資料。你也可以上網去查，有很多網站專爲失去寵物及其哀傷而設置。

＊傾聽孩子的心聲，鼓勵他們說出對已逝寵物的感覺。不要制止孩子表達感受，或強

迫他們放下感傷，或忘了牠。如果你的孩子還小，讓他們用畫圖的方式表達感覺，鼓勵他們說出喜歡牠的原因。

＊告訴孩子的老師你們剛失去了心愛的寵物。孩子在學校表現出與哀傷相關的情緒是正常的現象。如果老師並不知道這個情況，他對孩子的心情很難作出正確的評估。

＊在哀傷中，仍要建立新的日常作息。做一些新鮮的事取代舊有的作息，或是改變做事的順序。這可能包括了搬動房子裡的傢俱，或是換不同的時間做同樣的活動等等。

＊以你寵物的名字捐贈些物品給某個組織，也可以種棵樹或玫瑰當成紀念；也許你會想要一塊刻著寵物名字的牌子或別針，或刻些特別的句子；你還可以用寵物的名字捐錢給關懷動物組織。

＊把寵物的玩具、食物、床等等收好。如果依舊讓這些東西在四處放著，會使你觸景傷情，令你一直處於難過及憂鬱的心境。

＊列出你的寵物的美好特質或性情。牠那愛的伴隨，帶給你多少有關生命和自我的啓發？因爲你的寵物，你改變了多少？

＊如果你覺得想要一隻新寵物，寫下所有你希望牠具有的特質。當你和這個新動物分

享生活的時候，你會做些什麼改變？

＊認知到你是多麼的幸運和受到祝福，能有這麼特殊的經驗和另一個生靈分享你的生命，而你們之間又擁有這麼多的愛。

＊每一天，試著爲自己做一件正面的事。

＊這是你自我瞭解，愛自己的時候。當你經歷哀傷過程時，盡可能在日常活動之外，爲自己留些時間。我知道很多人在他們的寵物死亡時，特地休假不上班。

彩虹橋

樹林邊，山腳下，
時光就這麼靜止在一片蒼翠草原。
當人類忠實的好友在世的時間告終，牠們便奔跑在這片翠綠。
在這裡，介於此世與彼世之間，每個造物都找到了休憩之處。
在這片黃金大地，牠們等待與遊戲，守候著他們渡過彩虹橋的那天。

在這裡，牠們不再受苦、受痛或憂傷，
因爲牠們是完整的，牠們的生命充滿喜悅。
沒有殘肢，只有健全的肢體，
身體的病痛痊癒了，活力充滿了全身。
牠們輕快的穿過草地，沒有半點掛慮，
直到一天，牠們開始嗅著空氣中的氣息，
緊張地豎起耳朵，眼睛也前後回顧。
忽然間，牠從隊伍中走了出來。
只因爲那一刻，牠又看到了他；主人和寵物，再次聚首。
老朋友向彼此跑去，分離的時間終於結束。
分別時的悲傷，化爲重聚時的喜悅。
擁抱彼此，愛將永遠停留，
肩並肩，他們一同走過彩虹橋。

——史蒂夫和戴安．波朵夫斯基（Steve and Diane Bodofsky）

第四部

重回人生跑道

第九章　自我和諧

從某方面來說，我們的哀傷代表著生命中的某部份處於最後的階段，它同時也象徵了一個新的開始。哀傷洗滌了我們的心靈，我們因此能以嶄新、更有智慧的方式開始人生旅程的新章節。宇宙也早已爲我們每個人提供所需的協助，幫助我們走出哀情。

任何形態的失去，就像我們在生活中會遇到的阻礙，它們代表著挑戰自我和心靈成長的機會。認知到失去是一個契機，可以允許我們將這個經驗當作是自我發現的旅程。這是一個非常特殊的旅程，它帶領我們進入自己內心，讓我們以一種前所未有的方式看待並認識自己。我們的轉化於是成了必然的結果。

我並不是看輕或淡化身體和情感所遭受的痛苦與煩惱，然而，一旦我們能夠接受這些都是人類經驗的一部分，我們就能正確地看待事情。我試著傳遞給你們每一個人的訊息是：人類所經歷的失去，只是暫時與某個曾一起和我們分享物質肉身經驗的靈魂的分離。如我重複過許多次，而我也全心相信的——我們在世間所經驗到的愛的連繫，永遠都會存在。

如果你相信永恆的生命，相信你會和摯愛的人再次相聚，而且他們一直在你身邊，那麼你的信仰會幫助你對生命做出新的承諾。請記住，這並不是終了，而是開始。

本章的目的希望你在經歷哀傷的種種混亂階段時，仍能擁有生命的力量。爲此，我提供了一些冥想方式和練習，它們能夠幫助你表達感受，並且放下那些不必要與不想要的態度和行爲。

當你獲得新的覺察，你會深深體會到，你的確能走出哀傷。

關於療癒的一些提醒

我發現每當自己因爲失去某個人或事，陷入了原先沒有預期的失落狀態時，我必須要將自己帶回靈性的基礎。我必須提醒自己：我是自己人生的主人，只有我有力量去選擇我的下一步。我是要對情況做出反應呢？還是藉著這個狀況，用一種新方式或態度行動？

通常事情都發生得很快，我們幾乎沒有時間去思考，因此我們要常常提醒自己一些基本的眞理。

爲了走出哀情和憂傷，和眞正的自我接軌，你必須改變你對生命的某些負面態度，讓生命回到喜悅和快樂的根本。這是使你活出美好未來的不二法門。我希望下面所列的觀念和肯定性的思想，能夠幫助你得到我曾獲得的啓發及勇氣：

1. 愛永不消逝。
2. 恐懼是幻相。只有愛是眞實的。
3. 每個時刻都是祝福。
4. 眼淚能洗滌傷痛，開啓我的心靈，幫助我迎接更快樂的未來。
5. 當我放下哀傷，所有的恐懼、苦澀和痛楚都在我的心化解。我會找到生命的喜悅。
6. 我的每個想法都正在建構我的未來。
7. 每一滴雨水都帶來了彩虹。
8. 今天的失去成就了明天的獲得。
9. 有智慧的人永不停止學習。

10. 當機會敲門，我已經準備好迎接新的可能性。
11. 我珍惜和所愛的人相處的每一分鐘，也讓他們知道我的心裡在想什麼。
12. 在困惑中，我能選擇保持平衡與鎮定。
13. 地球是教室，我們是學生。每個人選的課不同，也在不同的時間畢業。
14. 我不能控制宇宙，但是我能控制自己。
15. 努力和生命共舞。
16. 能夠與朋友分享眼淚、歡笑及歎息眞好。在愛中，我們都療癒了。
17. 與其評斷自己或批判他人，我的心常懷愛意。
18. 付出而不期待回報。
19. 沒有任何東西是失去了，只有被轉換了。
20. 我接受愛是我生命中的療癒力量。

形而上學的詞彙

在後面的冥想練習中，我用了一些形而上學（或稱玄學）的詞句和專有名詞，我先稍作解釋，以便你有所概念。如果你將環境佈置得和諧與平衡，你的心靈功課會帶給你很大的滿足感。

空間

在進行這些練習的時候，感覺完全的舒適與放鬆是很重要的。讓你的能量自由流動的最佳方法，是在椅子或沙發上背脊挺直的坐好。躺在床上因爲太舒服了，你可能會睡著，而這些練習需要你保持清醒與警覺。

準備一杯水放在旁邊，口渴時可以喝。身邊放個筆記本和筆，你可以寫下進入你意識層面的靈性智慧。如果香有助於你放鬆，不妨點一根香。你可能會喜歡擺些花來美化環境。盡可能隔絕外界的噪音，把電話、行動電話、電視，或任何會打擾你的東西統統關掉。沒有這些外在的刺激，你也照樣能生存。此外，穿著寬鬆的衣服，房裡的溫度不要太熱也不要太冷。

適當的時間

爲了讓你的練習獲得最佳效益，你必須下定決心積極參與整個療癒心靈的過程，你必須騰出適當的時間來做這個功課。不論你選擇一天中什麼時間都沒有關係。不管是早上、下午或晚上，如果可能，最好能獨自一人，這樣才不受他人干擾。

沒有外界的打擾非常重要，一定要爲自己保留時間來進行這些療癒程序。你一定要承諾給自己不受干擾的幾分鐘，好好的做練習，以便得到最大的效益。

靜心

閉上眼睛，慢慢地呼吸；這個過程幫助你將覺察力帶到額頭中央。先緩慢的深呼吸幾次，覺察到你的呼吸如何使你放鬆。注意到是你在控制呼吸，並不是你的呼吸在控制你。接著感受身體各個部分的感覺。從頭部開始，然後到脖子、肩膀和手臂。再注意你的胸部如何隨著肺部的擴張與伸縮而動作。注意你的胃，還有骨盤四周。集中注意力在背部及臀部，接著是你的腿和腳。

當你吸入空氣時，觀想並感受到空氣的每個粒子都是新鮮的，它們讓你放鬆、更新，你身體的每個部分都重新獲得了活力。看著你自己「控制」著你的身與心。放鬆，感覺自己的存在。把注意力放到鼻樑上方的第三眼上面。你現在已經靜心了，可以進入下個步驟了。

放下

做這個練習時，你必須釋放或放下你的種種感覺、思想和信念。當你放下時，內在的神性會指引你。卸下了一直背負的重擔，你感到自由，想掌控每件事物的掙扎也已結束。此時，你會瞭解到生命中的每一件事都有它自己的節奏與時間。瞭解了這一點，你可以放鬆並享受生命。

充電

當你完成了練習後，你會經驗到一種新的覺察力。你會對生命有更正面的看法，也會感覺更能控制你的人生。你再度充滿了活力。整天都維持在這種意識狀態是很重要的，尤其是在你覺得有壓力，或是又開始掉回自虐的模式時。

實現

我用這個名詞來描述積極觀想或感知到自己正活出或實現未來的目標。這些目標可能是身體、情緒、心理或靈性方面。當你在這種「實現」的狀態中，你是全然的活在那個特別的冥想或觀想的當下。

冥想

療癒自我的冥想

利用這個引導冥想，將幸福與平衡的感覺帶入你的心中。這個冥想同時在許多層次都有治療的效果，雖然你可能不會立即感覺到身體上的變化，但在一些肉眼看不見的層面已經產生轉換。請記得，單是腦袋想或者嘴巴說這些話是不夠的，你必須去感受它們的內涵。當你的思想和感受契合時，這個過程會更有效果。當你準備冥想前，確定你已照前述準備好「空間」，並完成了靜心的步驟。

在椅子上坐好，閉上眼睛，開始覺察你的呼吸、你的身體，還有四周的氣氛。你覺得舒服嗎？你的心是不是跟著那些外在的思緒跑開了？如果是的話，只要認知到每一個念頭，然後隨它們去。不要評斷它們。做幾次深呼吸，繼續進行靜心。在你冥思身體的各個部分時，想像它們都放鬆了，並且融入空無之中。完成後，安靜地坐著，感受平和與寧靜。

想像自己漂浮在輕柔波動的海洋上。現在，感覺一道非常明亮的光照射你的身體，你幾乎能感受到它的熱能。亮金色的光芒撫觸你每一個細胞。仔細感受。想像你正往上升，你被上方照耀著你的光芒吸引，你進入了這美麗的光；你整個人被這奇妙的靈性之光包圍了，它那具有療癒的頻率和無條件的愛圍繞著你，它輕輕的撫觸你身體裡每一個細胞，你的每一個部分都是平衡與和諧的了。如果你需要情感面的療癒，感受這個光在你的內心創造出平靜與祥和。

現在，讓光照耀需要被療癒的人或事。我們要能寬恕，並對過往的事劃上句點。這個光將撫慰及療癒的能量儲存在任何你想要的地方。現在，看著自己完全地被融入了光裡，你感覺更爲平靜了。享受幾分鐘這種平和的寧靜感。

當你從光裡出來，想像自己在一個名爲內我的花園。這個花園由許多花和樹組成，每一個植物都象徵了目前的你的某一面向，以及你此刻所處的境況。觀察這個花園，玩味一下，它是什麼樣的地方？這個花園是觀照你內在的一面鏡子，它顯示出什麼地方需要療癒。或許你看到一棵沒有結果的果樹，這可能意味著你不能生育，或是你沒有發揮潛能；又或者你看見一朵花在枝上枯萎了，這是否表示你缺少了愛和滋養？

你是否看到花園佈滿了野草，藤蔓叢生？這可能代表你生命中的人、事和環境令你感到枯竭，扼殺了你的潛力，使你無法發揮自我的美善。也許有些花少了花瓣，你可以自問：我在什麼地方有所欠缺？我如何才能使自己完整？

仔細觀察，花園裡是否缺了什麼？你有沒有看見地面裂開的縫？或寸草不生之處？在冥想的時候，問問自己：少了什麼花？那種花代表的是什麼意義？我能做些什麼使這個花園變成它最好的樣子？我可以做些什麼改變使它更怡人？

這些答案是不是提供了你一些關於你自己和你的人生的訊息？為了成長和發光發亮，你必須學習哪些功課？你不必向他人詢問答案。向內看，為你自己找到答案。

現在，謝謝你自己，因為今天你站在一個創造的入口前，一個美妙而充滿了愛的花園剛剛被創造出來。現在，沉浸在完全「實現」的意識裡。當準備好時，把你對這個練習的任何感想寫下來。

療癒「失去」的冥想

不論你經歷的是那一種失去：親人死亡、失去寵物、失業或離婚，下面這個冥想是幫助你認知你的失去，從失落中得到領悟，並對自己有更多的認識。

在開始這個冥想前，先將「空間」準備好，接著開始「靜心」的步驟。就像第一個冥想，你坐在椅子上，閉上雙眼，注意自己的呼吸，讓每一個呼吸越來越明顯。放鬆，享受無事一身輕的感覺，你可以就這麼單純地存在著。當你開始分心時，隨它去；不要評斷或分析那些跳出來的念頭。繼續做幾個深呼吸，回到自己的中心，靜下心。在你放鬆身體的各個部分時，想像它融入空無之中。允許一種平和、安靜的感覺滲入你整個人。

現在，你已準備好開始觀想了。你看到自己坐在一個非常寧靜的湖岸邊，想像這個湖和周邊的環境，盡可能的包括所有細節。湖水可以是美麗的翡翠綠，或深悠如寶石的藍。當你伸手觸摸時，湖水暖如溫泉。高聳的松木圍繞湖邊。你可能剛好看見幾隻美麗高雅的天鵝，悠然游過。讓這幅畫面在每方面都令你感覺愉快。

當你準備好時，選擇湖面的一處，保持專注在那上面，想像你看到近期發生在你生命中的失去事件。如果是人或寵物，想像他／牠的影像出現在水面上。如果是其他形態的失去，把那個情況在湖面上放映出來，花些時間好好的看清楚。感覺它，接受所有浮現的畫面。接著，在你集中注意力在湖面的同時，問問自己：這個失去教了我什麼？給自己幾分鐘省思。寫下你所想到的。再問自己：這個失去帶給我，或將會帶給我怎樣的機會？給自己足夠的時間讓每個可能的機會浮現在心中。你對每一個機會的感覺是什麼？它會如何改變你的生命？你會不會給自己耐心去瞭解，是你，也只有你，可以做出選擇？請記得，這是你的生命之旅。你需要的，是覺察到失去代表著通往成長及開悟的踏腳石。謝謝你所愛的人或那個特定的情況，他／它給了你這個機會。謝謝自己願意打開心胸，接收這個訊息。「放下」，並且感覺到生氣與活力。

練習

製表

在自我療癒和自主的路上，製表是一個查看進度的好方法。你可以買個檔案夾或自己製作。在一張白紙上，寫上日期、時間、練習的名稱。在開始進行某個特定的練習前，先寫下練習前的感受。對於自己要做練習「覺得怪怪的」是很普遍的反應。請記住，對多數人而言，這是一個全新的領域。你要知道你正開始採取必要的步驟療癒自己。

做完練習之後，把你在練習時的感受寫下來。記下自己希望透過練習完成的目標。時時保持一個可以查看自己成長進展的記錄是很重要的。

回顧

這個練習是爲了記起你所遺忘、忽略，或不曾實現的自我部分。我們每天像是處在快速的求生模式裡，以至於我們不常，或不曾抽出時間和自己建立關係。我們因此成了生命的棋子，凡事依據經驗來反應，而不是主導自己的人生，創造出我們想要的生活。

這個練習是重拾靈魂覺知的必要步驟。給自己足夠的時間進行。不要急，不要趕；好好享受這個經驗。你可以先做一次，下次再逐步增加次數，或一次接連做個幾次。決定怎麼做對你的進展與治療最適合。此外，不要評斷或分析由練習得來的訊息。

在你建立了適當的練習時間後，開始進行「空間」的準備。依照你的喜好，設計你的環境。當你覺得舒適滿意了，開始進行「靜心」的步驟。在練習的時候，保持雙眼緊閉，只有在要記筆記時，才睜開眼睛。

在心靈的眼中，回到你大約七歲左右的時候，試著記憶起讓你快樂的童年時光。現在，把那時你最喜歡自己的性格記在心裡或寫在筆記上。它可能是你的幽默感，或喜歡冒險的精神，或許當時在你的生命中有些人讓你很快樂。你當時可能很喜歡某個運動或嗜好。盡可能把所有正面的特質記錄下來。

繼續增加年齡，觀察關於自己的新揭示。有些什麼正面、有趣的特質或習性浮現心中？你喜歡自己這時候的哪些特質？空閒的時間你都愛做些什麼？你喜歡和誰在一起？你有什麼特別的地方？你最享受或喜歡你人生中的哪部分？等你年歲大了，你會想發掘生命的哪些層面？

現在，把時間進展到你目前的年齡。慢慢地把自己的意識帶回到你的「空間」。當準備好了，睜開眼睛，檢視你寫下的品質清單。

有哪些個性在你的生命中仍是正面的力量？你還是原來的那個人嗎？或是你變了？你的改變是什麼？

利用這個正面的個性清單當作指引，重新設定你的優先順序，決定自己要加入或刪除哪些項目到你目前的生活。你需要做些什麼才會讓自己快樂和歡笑？把它們寫下來，從中學習。

最後，在你想要的正面特質或情況旁邊劃一條線，在線旁寫下兩個完成的辦法。然後，「充電」；感覺自己更新的意識像充了電一樣。你正在一個打開知識寶盒的過程中。一個嶄新、修正的自我正開始活了起來。

記起你從何處來

當你遭逢重大的失去或正面臨生命中的變動時，你可能會記起過往所有或曾經的失去及苦痛，那些你從未處理與面對的哀傷。為了掌握自己的人生及命運，在找回自己力量的過程中，你必須回到過去，將懸而未決的事劃上句點。如果我們沒能好好地與過去了結，未竟的殘留感受將會影響我們目前及未來的人生。

參考這個比喻：你的家裡時不時有人來拜訪，你的首要要務之一，就是著手將家裡整理乾淨。你一間一間的查看房間，把衣服、雜誌、玩具等全部歸位。你把垃圾倒掉，洗淨髒的碗盤。你把房間收理整齊，使它看起來清潔舒適。同樣的，我們內在的屋子也需要打掃。當你拾起舊日傷口、憤怒、愧疚和痛苦的碎片，你需要丟棄它們，把空間騰出，好讓新的事物進來。

這個練習能夠幫助你放下過往，繼續朝人生路邁進，感覺自己擁有能力實現人生目標。

首先，爲自己安排一個適當的時間。在身邊準備好紙筆，以便寫下在練習中的任何啓示。接著，「靜心」。回到你記得的第一次經歷失去的年齡，這可能只是別人搶了你的玩具的小事。讓自己再次經歷別人搶走你玩具時的感覺。你生氣嗎？害怕嗎？你感到困惑嗎？讓你的感覺浮升到表面，並且認知它們。這個經驗教了你什麼？你大發脾氣嗎？還是你安靜下來，退縮了？你哭了嗎？你跑開躲起來了嗎？你發牢騷抱怨嗎？

對現在的你而言，這些行爲熟悉嗎？寫下或說出你的感受。如果你很氣某些人，譬如你的父母，現在就告訴他們你的感受。說出你的感覺。不要評斷，就讓它們單純存在。現在，逐步增加年齡，你或許會注意到「失去」這個問題隨著年齡增長越來越複雜。它們可能包括了父母的離婚或你的轉學。不論你經驗到什麼，感覺它，表達它，然後放下。把自己帶回現在。目前的你面對什麼樣的失去？你是不是像童年或青少年時代的自己那樣反應？或許你一次必須面對好幾種失去的狀況。把它們寫下來，表達你的感受。

你可能會需要進行好幾次這個練習，以便完全體驗那些你未曾表達出的情緒與情感。不要敷衍自己。你的感受是正當且重要的。

「放下」，「充電」——體驗那些感受之後，放下它們，感覺你更新的意識。

寫信

準備好「空間」。在身邊放好紙、筆和信封。「靜心」。準備好後，開始寫封信給一位去世的人，或是令你有失落感的情況。確實描述你的感覺，告訴往生者你想說的話。這個失去如何改變了你的生命？寫下來。把所有的事情表達出來，包括你曾壓抑的憤怒或責怪。

寫完信後，從頭看一次，確定所有想說的事，曾經有過的感受都包括在內了。現在，把它放進信封裡封好。在信封上寫下名字或是標明情況，將信放在一個安全的地方。兩天之後，重複這個練習，不過這次不再寫信給這個人或這件事，而是針對你前面的那封信回信。寫完所有的回應後，把它封在另一個信封，和第一封信放在一起。

兩天之後，把兩封信拿出來，按照寫的先後順序打開看。留意此刻對失去的感受有何不同？評估你的改變。「放下」，「充電」——放下這些感受，感覺你更新的意識。

當下創造你的未來

再次地準備好你的「空間」，接著讓自己「靜心」。現在你要創造出一個新生活和新行事作息的遊戲計畫。

在你的檔案夾，列下你希望看到自己在五年後的樣子。你會希望有些什麼改變？你會希望擁有怎樣的親密關係？會和現在有什麼不同嗎？在心中詳細的「實現」它們。

在另一張紙上，寫下如果你知道自己患了重病，來日無多，你會想完成的事。換言之，將明天當做是你的最後一天生活。你會因此有什麼改變？你要完成哪些事？你的生命會如何不同？比較兩張清單，注意其中的異同。這會幫助你對你「想要」和你「需要」的事物有更清楚的定義。「放下」，「充電」。

有助療癒的簡易練習

*爲過世的人設一處紀念的地方，可以只是一個架子或桌面，放置些照片、詩篇以及他最喜愛的遺物。

*展開新的活動。自我挑戰去做那些你一直想做而未做的事。或許是去上烹飪或園藝的課程。開始把時間用在你喜歡做的事上。

*寫下十件讓你的日子難過，而你又一直在做的事。慢慢努力將它們從單子上刪除。不必急，慢慢來，你不必一天內就完成。寫下可以使你的生活容易且愉快的事，用來取代那些被刪除的項目。

*爲你愛的人種棵樹、種些花，闢個花園。

*完成你所愛的人開始但未能完成的事，這是紀念他／她的方式之一。

*規劃健康的生活。爲你的身體訂下一些目標。加入健身房或參加瑜伽課。

*寫下能令你發笑的事。去世的人會希望看到你快樂。

*記錄你每一天的感受。

＊試著一天不批判自己，留意自己的感受爲何。
＊今天對一個陌生人說些好話。
＊重新活躍的生活。加入某個團體或擔任義工。
＊今天給某人一個擁抱。
＊今天盡可能地對人微笑，越多人越好。
＊重新佈置家裡。去舊佈新。
＊表達你的創造力。重新設計房間擺設或開始寫一本書。
＊瞭解哀傷的力量非常巨大，你會哭泣，會感到沮喪，尤其是在你沒有預期的時候。這些都沒有關係。感覺哀傷是正常的。
＊請記得每個人哀傷的方式都不同，有些人可能從不哀傷。我們每個人都是上帝獨特且個人化的創造。
＊如果你很難過或氣憤，對自己的情緒要寬容。你能感受是最重要的事。如果別人不瞭解你的傷痛，沒有關係。
＊你並不孤單。和那些曾有過哀傷經歷的人相處。
＊寫下這個失去所帶給你的機會。你如何改變了別人的生命？

＊認知到你與往生者仍有愛的連繫。你可以選擇用任何適當的方式慶祝他們的生日或忌日。
＊爲你愛的人點上一根蠟燭。也爲自己點一根。
＊接受你生命裡的責任。
＊多睡一點，期待夢境。
＊做個按摩。
＊享受好音樂。
＊讀那些你一直想讀的書。
＊租幾部電影，準備些零食，享受獨處的好時光。

第十章　靈性體悟

過去幾年來，我收到數千封來自世界各地的信。人們通常想要知道他們如何能和去世的摯愛溝通？如何走過哀傷？他們的心是否有療癒的一天？生命還會有意義嗎？在這一章，我會回答一些常常被問到的問題。你可能會在這些問答裡發現與你的人生類同的處境。

這些靈性的智慧來自指導我的靈魂導師，還有那些在「另一邊」的天堂的靈魂們，我與你們一同分享他們的教導，希望你能帶著對失去與哀傷更多的瞭解與覺察，重回生命的跑道。

問與答

問：當我們離開身體，到達靈魂世界時，誰會來接我們？

答：每個靈魂都不一樣，但最常見的是你的父母、祖父母、孩子、其他家人和朋友，他們會來接你。任何一個在這一世和你有愛的連繫，相處愉快的人都會來接你。你的指導靈也會前來向你致意，並溫和的協助你適應轉換期。你也可能會看到前生或過去世所認識的其他靈魂。

問：為什麼死去的人會出現在我們的夢裡？這是真的，還是我們的想像力編造出來的？

答：夢到已逝的摯愛或親人是靈魂和人間最普遍的溝通方式。當我們在睡眠的狀態時，我們理性的心智機制不再控制全局，不再像我們醒時那樣評斷或批判。在睡夢狀態，它們被繞道被略過，於是通往其他意識層面的門開啓了。在睡夢中，你的精神體在星光層面旅行，你的靈魂能接觸並且與你的靈魂家人溝通。我們的大腦把這些覺知詮釋爲夢。

問：精神體還會用什麼其他的方式，試著和我們溝通？

答：通常靈魂能用許多方式控制電，他們透過電來給暗示。舉例來說，他們能使電燈泡閃爍、電話鈴響、收音機和電視機自動開開關關。往生者的香水或刮鬍水的味道也常常會瀰漫在空氣裡；這通常表示你所愛的人的靈魂正在你四周。

問：靈魂要多久才會完全瞭解到他的肉體已經死了？

答：有很多影響的因素。第一，要看這個人是怎麼死的。纏綿病榻會削弱身體的能量，這是其一；這樣的靈魂走後，會需要多一些時間回復生命能量。如果沒有長期的病因，而是忽然死亡的情況，他的能量瞬間就可以恢復。第二，如果往生者在生前相信死後仍有生命，他會比較容易適應靈界的次元；反之，如果這個人並不相信永恆生命的存在，他對於新生命的調適會較為困難。

無論如何，靈魂在一段時間之後，都會再次認得他原本的「家」，也會瞭解發生了什麼事。在靈魂、精神性的空間裡，沒有所謂的時間。世上一日，可能是那邊的一分鐘。

問：已逝的人的靈魂會不會想念我們？就像我們想念他們一樣？

答：他們當然會。愛的聯繫永不死亡。然而與我們不同的是，靈魂是回到天堂的家，他們從一個不同的次元來看世上的生命。他們不再害怕死亡，他們的覺察力與意識也改變了。通常我們所愛的人急於和我們溝通，希望我們不要再爲他們哀傷了。他們希望我們知道：他們仍是充滿生氣地活著。

問：能不能和生下來就已死亡的孩子講話？

答：這要看情況。如果這個靈體已經找到了另一個再出生的管道，可能就無法溝通上。無論如何，我曾經替許多墮胎或死產的靈體傳遞訊息，他們通常是由親戚或靈界的「孩子照顧者」帶來。

問：自從我的妻子死後，我完全無法集中精神。這個情況會改變嗎？

答：會的。你還在震驚的狀態裡，這個階段的哀傷可能會持續一段時間。這個時候不要想一下子做很多事，慢慢來，感受你的失落感。你的感受是你們兩人之間的愛的見證。過一段時間，你將會開始適應你的新生活，你會繼續下去的。當你知道你的妻子與你一起，並且看顧著你，確實會讓生命容易些，雖然她是以不同的形式存在。

問：為什麼我們的兒子這麼年輕就被帶走了？

答：首先，靈魂是沒有年齡的。你必須明白，這個世界是我們的教室，提供我們不可思議的機會進行靈性的成長及學習。有時候，一個靈魂「走得早」「悲劇性的離開」，或者「不是時候」，這些只是我們受限的物質世間的瞭解而已。然而，在這類情況下，往生者的靈魂或其家人，都必須從這個經驗裡學習。他的死亡教了你什麼？給你帶來了什麼機會？這個情形有可能是因爲這個靈魂過去世的因果，這意味他必須平衡前世的作爲。世上所有事情的發生與經歷都是爲了我們靈魂的成長。

問：如果我們愛的人死去了，又選擇了再投胎，我們怎麼可能和他們的精神體接觸上？

答：靈魂並不受到肉體世界的時間和空間限制。肉體是你許多「體」之一。一個靈魂可同時存在於許多不同的層面，因爲它有多重次元的覺知能力。因此，有更大部分的你存在於另一個次元。也就是說，靈魂會保有某部份的人世性格，留在精神的次元裡，這是爲什麼我們可以和去世的人接觸；因爲你屬於這個靈魂團體的一部分，你能和這個部分的靈魂／精神聯繫上。

問：靈魂什麼時候選擇再投胎？

答：靈魂選擇對其靈性成長最有利的時間投胎。換句話說，靈魂選擇了來世的經歷，因爲這些經驗將提供最佳的學習機會。決定是否再回人間完全是靈魂自由意志的選擇。

問：真有邪惡嗎？那些死去的惡人會如何？譬如說希特勒？

答：我們全都是神性意識的一部分，因此我們有自由意識選擇如何使用我們的力量與生命。善與惡都是我們的選擇。光明和黑暗可以用來形容我們的意識。很多時候，爲了瞭解所有的可能性，靈魂在進化的過程中必須經驗人性的許多面；因此，靈魂會嘗試所有不同的情況以便從中學習和成長。在靈魂的次元，對這些情況並沒有批判或評斷，只有覺察。最終，靈魂對每一個念頭、話語、行爲都需要負責。然而，有許多靈魂被困在振頻較低的意識裡，而這種意識顯現的是墮落、邪惡、腐敗與低下惡劣的形式。

當一個靈魂創造了大量的毀滅與恐怖，就像希特勒，在他們離開人間後，便會物以類聚地被吸引到其他具有相似的「黑暗」意識的靈魂層面裡。

問：當靈魂前來溝通時，為什麼他們不告訴我們一些比較有趣的事，而盡提那些看來無關緊要的小事？

答：第一，靈魂想要傳達你能瞭解的訊息。如果他們要跟你討論靈界的生活，你會沒有相關的參考點，這就會像他們說的是外國話一樣。第二，靈魂回到「昨日的記憶」中，把你們雙方都能瞭解的那些事物的思想帶給你。請記得，靈魂不在我們線性的時間框架裡，因爲他們活在思想的世界，每件事情都被加速而且發生於瞬間。他們必須傳達簡單的思想及感覺，我們才能理解。

對某些人而言，這些訊息可能很瑣碎，但是對於接受訊息的人來說，那正是他們需要知道的證明，證明他們所愛的人依然存在。

問：靈媒可以接觸到所希望的任何人嗎？

答：不能。如果有哪一個靈媒這麼說是不對的。就像人類一樣，很多靈體也不善於溝通。也有一些無法透過相符的頻率／振動顯現他們的思想；更有一些靈體不願意回應我們這種沉重的人世頻率，因爲這提醒了他們的死亡，他們不想再重活一次記憶，尤其當他們的死亡經驗很痛苦或很耗費能量時。易地而處，想想你會怎麼反應。你會想一次又一次經歷不愉快的事嗎？

問：所有自殺的人都會下地獄嗎？

答：不會。沒有所謂的地獄。沒有一個如「地獄」燒著火，充滿詛咒，叫我們永不超生的地方。精神／靈魂的次元並不是一個地方，而是一種意識的狀態。當一個靈魂無法學習他的功課，經由自殺離開人世後，他會回到「家」。不過，他可能會有段調整期，停留在一個「反省」的狀態裡。自殺的靈魂永遠不會受到傷害，或被打入「地獄」。

問：有沒有可能不經過靈媒，而和去世的親人接觸？

答：當然可能。你可以開始每天靜坐，並且學習對靈魂世界更爲敏感。你會需要很大的耐心來學習「聆聽」靈魂的微妙感受和思想。你也可以在夢中和靈體溝通。不過，並不是所有人都有這種必須的敏感度及清晰度可以與靈魂溝通，或是可以「聽到」靈媒所習慣的高頻率。

問：是不是任何一個人都可以成為靈媒？

答：不是。每個人都有一定程度的心靈力或直覺力可以發展和使用。敏感度與能力有程度上的差異，而我相信靈媒要比多數人來得敏感。我喜歡用彈鋼琴來做比方；每個人都可以學習彈琴，但不是每個人都能做個鋼琴演奏家。

問：一個懷疑的心對於通靈解讀會有什麼影響？

答：思想是一種能量。能量是眞實的，它可以創造並影響原子的移動。懷疑是一種負面的能量，它具有破壞而不是建設的力量。懷疑或負面的想法幾乎使精神力量無法穿透，不論這個靈媒有多靈，一顆懷疑的心製造出的是非常沈重氛圍的能量。靈魂較容易透過高層次的心靈狀態來到我們的次元，比如愛，因爲愛加強了傳導的氛圍，而不是消耗。

問：我的母親在世時不會說英語，靈媒還是能接收到訊息嗎？

答：可以的。靈魂的溝通並不靠語言，是靠思想，而思想是宇宙通用的語言。

問：我過世的母親能知道我在想什麼嗎？

答：是的。靈魂對思想很敏感，因爲他們住在心靈和思想的世界。靈魂可以瞭解你所有的思想，感受到你所有的祈禱。

問：天堂或是靈魂的世界在哪裡？

答：你必須先瞭解，你的肉體，或是這個物質世界，並不像你的五官讓你相信的那麼實質。因爲物質世界的能量振動是這麼的低，所以能量看起來很堅硬。然而，收音機和電視的電波不斷的穿透看似堅實的物質，我們的眼睛卻看不見這種以不同頻率振動的能量。因此，當我們的身體在這個看似實質的時空世界移動時，我們的心和靈魂事實上在另一個看不到的次元振動，而這個振動可以穿透我們的身體。也就是說，你的心和靈魂住在靈魂的世界，而且永遠會住在那裡。當我們死後，我們開始意識及察覺到這個存在的新次元，或稱爲靈魂的世界（靈界）。

當我們說天堂就在我們內心，意思是指靈魂的世界早已存在並穿透於我們之內了。它不是一個我們會去的「具體」的地方。

問：我該如何告訴我的孩子死亡是什麼？

答：從很多方面來說，孩子比成人更容易適應死亡，也比我們以爲他們能瞭解的還多。首先，你可以讓孩子知道哭泣及想念他們所愛的人並沒有關係。第二，引導他們走過哀傷的階段，讓他們知道可能遇到的情況。不要對他們撒謊或是給他們錯誤的希望。第三，孩子對愛和鼓勵的反應比較好。幫助他們瞭解人生就好像上學一樣，我們必須學會一些功課，有些功課可能比較難，就像失去了他們所愛的人。最後，向他們保證，經過一段時間，他們會覺得好過些，而他們所愛的人只是以不同的形式和他們在一起。

問：我失去了先生，也失去了生存的意願。我該怎麼辦？

答：首先，瞭解到你正在經歷哀傷的過程，有時候你確實會覺得人生無望，毫無生存意志。第二，找個人傾訴，把你的感受表達出來。第三，當你平靜的時候，重新評估你的情況，問自己：你的先生會希望你怎麼做？他會希望你放棄生命嗎？還是把握生命，創造出一個更快樂的局面？

瞭解到這是你生命中很重大的改變。你永遠不會忘記這個傷痛，但它也不會永遠持續。你會繼續向前走，經歷更多的人生。給自己時間重新認識自我，你的發現會改變你的感受。

問：我的兒子在空難中去世，他痛不痛？我要怎樣才能知道他好不好？

答：我曾經爲很多人通靈，他們所愛的親人也是在悲劇事件中死亡。在每一次這類的通靈，靈體穿越時空所陳述的話，都說在撞擊前他們已經失去意識，因而不記得墜毀的那一刻。我相信這是上帝保護我們的方式。在這類的死亡發生時，我們有一部分的意識自動關閉或「凍結」，因此不會感覺到痛。

問：自從孩子的父親去世後，我和兒子相處上便有困難。他正值青春期，他並不想談這件事。我該怎麼辦？

答：鼓勵他和他的朋友談。向他保證你不會離開。讓他知道任何時候他想談，你都會願意傾聽。單是知道你一直會在他身邊，就可以幫助他感覺不那麼孤單及害怕。你也可以問他想不想和家人以外的人聊聊，譬如心理治療師。如果他無法用言語的表達來宣洩情緒，或許他能用別的方式表達感受，譬如音樂、繪畫，或是運動和其他嗜好。

給他足夠的時間去哀傷。請記得，每個人都以自己的方式走過失落和哀傷的過程。

問：我的父親去世前，我沒來得及對他說我愛他。現在我覺得愧疚，我如何才能讓他知道我的感覺？

答：你能大聲對他說話，或用思想與他溝通。靈魂對於我們的思想很敏感，他們一直都能聽到我們想什麼。也或許你可以寫封信給他，用文字表達你對他的感受。最重要的，不要再折磨自己了。在這個困難的時刻，你需要尊重自己，多愛自己一點。

問：通常人們會哀傷多久？

答：每個人的哀傷都不同，要看他或她情感的特質以及和失去的人、事在情感上的依附及關聯有多深而定。一個失去了丈夫和一個失去家園的人，兩者的哀傷就不會相同。絕不要期望自己一夜之間就可走出傷痛或復原，這實在不太可能。哀傷是一個過程。承認它，面對它，從中學習。

問：不同的宗教是不是有不同的天堂？

答：天堂有很多層次。我們死後立刻進入的層次，很像我們人世的存在；我們依舊用人類的宗教信仰來引導和滋養我們。有著相似心智的人會自然聚集在相同的靈魂次元。最終，所有的靈魂會從這個與地球相似的層次進化，他們開始瞭解到宗教只是人類的工具。

在更高的層次裡，宗教沒有存在的需要。在那裡，唯一的「宗教」就是愛。

問：和剛去世的靈體接觸是否比較容易？

答：一般來說，是的。然而靈體必須先經歷一個適應的階段，有時一位剛到達靈界的靈體，因爲忙於融入環境，沒能和仍在世上的親人們溝通。反過來說，當所愛的人在靈界的時間越久，這些靈魂對他們在人間最後一世的認同度會減低。因此，要和這些靈體溝通也會變得比較困難。

問：宗教如何有益人類？

答：光的道路，或是宗教，都可以幫助人們打開心胸，與更高的意識或是「神的意識」相連。大多數的宗教都立意爲善，然而，當宗教被人類的自我、權力欲、掌控欲，還有物質財富所污染時，人們會深受恐懼的影響，並利用恐懼吸引和掌控信眾。就像墮落的天使一樣，透過散播恐懼和操控人心所運作的宗教，已墮落到意識的最低層次。

問：當你幫助別人時，你會使用聖經嗎？

答：我相信聖經是一個很偉大的工具。使用聖經的難處在於如何才能不受到人爲錯誤詮釋的影響，而瞭解它眞正的意涵。簡單的眞理是通往靈性的鑰匙，「己所不欲，勿施於人。」這個金科玉律就是出自聖經，也是我在工作時總會引用的話。

問：使用靈應盤是件壞事嗎？

答：在正確使用且用於正當的情況時，靈應盤（譯註：類似東方的碟仙）是一個奇妙的工具，它能使你意識到你的靈性面。然而，如果是把它當成遊戲，而且出發點不正當，它可能會誤導你，甚至還很危險。請記住，你是向你不熟悉的意識層面開放你自己。在進入任何一種心靈現象之前，一個人必須對他自己在做什麼有相當的瞭解。

問：我們要如何除去不好的業？

答：透過「有意識的生活與覺察」開始。你必須每天都對自己的想法和行動完全負責。透過這樣的生活，你掌控自己的生命，你不再只是對情況和外界盲目地反應而已。如此，你開始對所有的事做出正確的決定，這是開始平衡惡業的唯一方法。請記住，業（因果）是對行動的反應；你怎麼栽，就怎麼收。選擇在於我們，它可以是「好」或是「壞」。

問：我的兒子有精神上的疾病。當他死後，病會隨之帶到精神世界嗎？

答：靈魂體是完美的。心智與精神上的疾病是世間的面向。通常一個靈魂選擇了這種狀況，是為了靈魂本身的發展，或是為了教導他人「愛」為何物。

問：我的女兒死於毒品過量，我覺得很內疚。我不斷地想我應該可以預防這件事的發生。為了她的死，我責怪自己。我要如何才能走出來？

答：停止扮演神的角色。你很可能已盡你最大的努力了。你的女兒對於她自己的行動要負起責任。身為父母，我們可以鼓勵孩子遠離危險及有害的人事物，但最終還是他們自己要做決定。你覺得你可以做些什麼來阻止悲劇的發生，這是可以理解的，但是你需要學習用不同的角度思考。

現在，想一想你替你女兒做的所有的好事，你在她的生命裡是多麼的重要。瞭解到你們能分享彼此的生活，那是一件多麼幸運的事。她會在靈界繼續成長，而你也必須完成你在塵世的工作。當你的時間到了，你會和她在天堂相遇。

問：那些有毒癮、酗酒或酗煙的人，在他們進入靈界後，會戒掉這個癮嗎？

答：不會馬上戒掉。剛剛進入靈界的靈魂，他的心智狀態和在世時相同。不過，這個靈魂終會瞭解到他不再需要這些東西使他快樂或滿足。時機一到，靈魂自然會獲致這個新的體悟。

問：我和妻子因為火災失去了我們的家，我們都很氣憤。我能做什麼來幫助我們走出這個失去？

答：請瞭解你們會走過去的。試著把你的憤怒用在正面的用途上。有很多人將經歷的悲劇轉化爲利益他人的事業，譬如設立「反對酒醉駕駛母親團體」的那位媽媽。給自己足夠的時間去適應新的情況。沒有什麼事情是一夜之間就轉變的。瞭解到你的回憶永遠會是你的一部分。往前看，期待著擁有新家，開始新的記憶和新體驗的那天。

問：如果不相信死後還有生命，當死亡時，會發生什麼事？

答：會有指導靈前來協助這些困惑的靈魂，幫助他們瞭解生命的新表現形式。很多時候，他們要看到證據才會相信自己死了，通常他們會造訪自己的喪禮。有時這些靈魂會瘋狂的想要和還活著的親人接觸，但是當他們意識到沒有人能聽到或看見他們的時候，他們不再堅持自己沒有死的想法。慢慢的，他們開始察覺自己仍以另外一種形式活著。他們對於在世時封閉式的信仰感到後悔，他們體認到，因爲在世時的侷限思想，使他們錯失了很多學習的機會。在靈界會有許多靈體幫助這些受苦的靈魂，給他們愛和指引。

問：你如何描述神？

答：神是純粹和無條件的愛。祂是宇宙的力量，所有的一切，每一件事。神的生命顯現在每一個原子。這個力量就是生命的極致彰顯。我們每一個人都是這個神性能量的火花。從我們這個受限而又厚重的物質性振動次元，要完全的理解神是不可能的。愛是我所能給的最接近的描述。

結語

我寫這本書的目的是希望能安慰並幫助你解決每日生活會面對的疑問或境況。它並不是治療你心痛立即見效的仙丹妙藥，但它可以幫助你清晰的思考人生的處境。人生是充滿崎嶇的旅程，我們對某個情況的反應如果不是幫助了我們，就是形成了阻礙。我們每個人來到這個星球，都是希望透過與他人的互動來瞭解自己。很多時候，我們把自己放在無法忍受的情境和困難裡，只因爲它們最能幫助我們成長。

你的失去是你生命中的體驗，請瞭解這些失去帶給了你對自己新的瞭解和覺察。運用這個新的覺察去服務他人，因爲這就是靈魂的天性。將你面對的人生困境當成踏腳石，爲他人創造出正面的價值。拿出勇氣重新開始，盡你所能地去愛。從這一刻起，將你的生命活出最大的可能性與光采！

關於宇宙花園

宇宙花園譯介具先驅和啓發性的深刻著作，
服務你的心和靈魂，是宇宙花園存在的最重要目的。

園丁是這麼想的：我們都是永生不滅的靈魂，
既然來到地球，就最好要了解，或者該說記得這個三度空間的遊戲規則。
所以你會發現，書裡傳遞的訊息大都與宇宙法則有關。
也因此，宇宙花園的每本書都懷著這麼一個希望：
在你迷惘困惑時，帶來啓發；在你受挫疼痛時，帶來溫暖；
在你需要指引時，幫助你聽見內心的聲音。

每個人只要向內尋找，都會找到答案。
但人性是健忘的，所以我們經常需要些提醒。
人性也是脆弱的，所以我們需要彼此扶持。
然而，不論是撫慰受苦的心靈、挑戰心智的思考或擴展內在的意識，
宇宙花園都只是介面，真正重要的人是你。
啓發讀者思考，幫助讀者發現他內在本有的神聖力量與光芒，

這是宇宙花園的自我期許。

不論什麼原因把你帶到了這裡，你會看到這些文字都不是偶然。
你的心裡一定有一塊非塵世的淨土，有個種子正在萌芽，
也許，它早已開出新葉，或正含苞待放。
那麼，你內心一定知道，我們都具有創造的力量。
每個人每一刻的言行思想，不單影響自身的頻率，也微妙地影響了集體意識。
因此，透過多一點的善念，多一點的愛和正面思考，
我們可以幫助周遭的環境，幫助這個世界變得更好，進而提昇人類意識和地球頻率。

地球很小，但宇宙很大；軀體有限，但心靈無限。
要記得，有那麼一個地方，它超越了物質世界和時空的限制，
在那裡，我們都是開心和自由的。
地球行的挑戰之一，就是如何在沉重的氛圍裡，讓我們的心依舊保持輕盈、喜悅和正面。
希望你在宇宙花園找到一處身心安適的角落，
讓你無限的心與靈魂，綻放燦爛的光芒。

心痛是人生的必修課，
不論我們在輪迴中經歷了多少次生老病死，
每一回人生仍逃不過椎心的痛。
唯有認清了生命的靈性本質，
覺察到你我是與一個偉大且神聖的存在緊密相繫，
脆弱而謙卑的心才可能眞正接受失去，
進而癒合傷痛，重新擁抱希望與人生。

祝福所有哀傷的心，
愛，與你們同在。

園丁

宇宙花園 01

走出哀傷——來自另一個世界的訊息

Healing Grief:Reclaiming Life After Any Loss

作者：詹姆斯・范普拉(James Van Praagh)

譯者：胡英音 張志華

出版：宇宙花園　通訊地址：北市安和路 1 段 11 號 4 樓

e-mail：gardener@cosmicgarden.com.tw

編輯：張志華

封面設計：高鍾琪 fionagau@hotmail.com

印刷：金東印刷事業有限公司

總經銷：聯合發行股份有限公司 電話：(02)2917-8022

二版初刷：2017 年 12 月　　　定價：NT$420 元

ISBN：978-986-91965-7-4

Healing Grief:Reclaiming Life After Any Loss

國家圖書館出版品預行編目(CIP)資料

走出哀傷:來自另一個世界的訊息/詹姆斯.范普拉(James Van Praagh)著 ; 胡英音, 張志華譯. -- 二版. -- 臺北市 : 宇宙花園, 2017.11　面 ;　公分. -- (宇宙花園 ; 1)

譯自 : Healing grief : reclaiming life after any loss

ISBN 978-986-91965-7-4(平裝)

1.失落 2.生死學 3.心靈學

176.5　　　106022176